從戀愛、追星、血拚
學到的
股票獲利法

血拚眼力找買點、追星法順風搭漲勢、
對象太超過就停損，
被動收入三年破百萬。

未來規畫與資產運用學院 HANAMIRA 代表董事

松下 RISE——著

李友君——譯

恋と推し活とショッピングに学ぶ
知識ゼロからの女子株

CONTENTS

買賣股票的技巧，都藏在生活裡

「小資女升職記」部落格版主／Angela

　　在看似嚴肅且進入門檻高的投資市場裡，有許多和生活息息相關的重要觀念與技巧。我很喜歡本書作者用談戀愛、追星、購物等例子來解釋這門學問，看完這本書，你會發現原來投資真的不難！

　　我覺得，投資像極了一場愛情，你會在過程中經歷酸甜苦辣。如果遇到對的人，天天都像是過情人節一樣快樂；若是遇到不適合的對象，就會開始考慮是否應該分開。

　　投資股票也一樣，當經過各種背景調查與企業追蹤，深信自己的決定後，終於找到時機點進場且長期持有，卻碰上轉折時，你會很挫敗。但別害怕，這時更是考驗你能否沉著冷靜，評估可承受的風險，再做出決策

的時刻（是要繼續持有？還是獲利了結？），最忌諱的就是衝動行事！

如果你還處於害怕而不敢前進的狀態，建議一定要看這本書！因為作者透過投資，不僅改善了工作狀態，也獲得更多的自由和收入。這段經歷讓她相信自己的潛力，也有能力實現更多的夢想，並且將這份喜悅分享給更多的人。

本書將投資知識和觀念，以幽默風趣的方式傳遞給各位。透過比喻和相似性，讓進入股市變得更親近、更容易理解。同時，作者強調，買賣股票不需要專業背景或知識，任何人都能參與。

我覺得本書不僅是一本投資指南，更是一個鼓舞人心的故事。透過閱讀作者的經歷和改變，讀者可以從中得到啟發，開始探索自己的潛能，並且尋找實現夢想的途徑。

最後，鼓勵大家以開心的心態來學習，並追求充滿夢想和希望的人生。作者設定了自己的目標，也期待各位一同加入這段充滿挑戰與成就的旅程。

前言
從戀愛、追星、血拚
學到的獲利法

「你有夢想和希望嗎？」「有！」相信能這樣馬上回答的人一定很少。

別說是懷抱夢想、對人生充滿希望，大部分的人應該都覺得「我對未來一片茫然不安」、「連新聞報導都一片灰暗，我對未來更不抱希望」、「雖然想要變得富裕又幸福，卻不知道該怎麼做」，不過，這只是因為你還沒察覺到沉睡在自己體內的潛力。

本書會以戀愛、追星、購物為例，教你如何開心投資，察覺自身潛能，度過充滿夢想和希望的人生。

雖然跳槽到嚮往的公司……

我為什麼會進入投資的世界？我以前雖然在夢想中的公司上班，卻總覺得自己的未來黯淡無光。

我原本沒有太在意錢，大學求職時，比起薪水高的

公司，我更重視跟誰共事或工作內容。只要工作充實，一定會很幸福，當時我是這麼想的。

我嚮往的公司是 Oriental Land，專門經營東京迪士尼樂園，不過，剛畢業時無緣加入，而是先到三菱電機（Mitsubishi），負責太空事業的業務。工作夥伴都很出色，職場環境也士氣十足，但人生只有一次，「我還是想實現夢想！」這種想法越加高漲，於是就試著參加 Oriental Land 的轉職招考，幸運的是當時跳槽成功了。

雖然薪水比在三菱電機上班時少，但因為是自己一直很嚮往的公司，而且還是從事最想挑戰的商品開發工作，所以我的心情就像飛上天一樣快樂，並深信會有光明未來。然而，等著我的卻是身心耗損的每一天。

- 早上 8 點上班，晚上 10 點半下班。
- 假日總是累得倒頭就睡。
- 沒有精力購物或旅行。
- 晚飯去附近超市買打折的小菜或食材。
- 想去聯誼，卻被工作追著跑而無法參加。
- 不能每天享受熱愛的泡澡，只能淋浴了事。

忙碌的工作中，不只是身體，心靈也越來越疲乏，

於是進入負面迴圈：

- 後悔跳槽。

- 一想到失去工作就會很恐懼，害怕結婚、懷孕之
類的變化。

- 不再享受工作，開始討厭自己。

明明出社會之前，自己對未來滿懷希望，結果卻開
始煩惱工作、金錢，變得沒自信。即使如此，我也沒有
能力改變現狀，只能接受眼前的現實……。

話雖如此，但能在憧憬的公司，從事想做的工作也
是事實，有沒有辦法可以在努力工作的同時，消滅心中

忙碌工作，身心疲倦。

的鬱悶感？煩惱了很久，我最後決定先解決錢的問題，所以開始投資股票。

在這之前，我也買過股票。我會先買進聽過的公司，或雜誌上介紹的標的，每個月看證券戶 1 至 2 次，觀察股價（每 1 股的平均價格）及資產的起伏。以前是漫無目的投資，現在下定決心之後，我的人生有了很大轉變。

投資股票後，不再為生活工作

自從開始認真投資股票後，我的生活為之一變：

- 成為準時上下班的優良員工。
- 會出國旅行，或是自己去吃一個人 3 萬日圓（按：全書日圓兌新臺幣之匯率，皆以臺灣銀行在 2024 年 1 月公告之均價 0.22 元為準，約新臺幣 6,600 元）以上的優質餐廳。
- 下班後與朋友度過充實時光。
- 找到理想情人。
- 能悠閒泡澡。
- 有正職薪水以外的收入，擺脫為了生活而工作。

● 積極掌握結婚、懷孕及其他生涯階段的計畫。

● 透過投資，感受自己與社會或經濟的關聯，以此開拓視野。

● 培養先見之明或判斷力，也可應用在工作中。

談到以上變化，或許讓人難以置信，不過，我的生活確實不一樣了，發生在我身上的驚人變化，會在第1章詳細介紹。

透過股票投資發生許多可喜的改變，換句話說，就是更相信自己的潛力，越來越期待自己的未來。

「我想要將這份雀躍感告訴許多讀者，哪怕多一個人也好！」這個想法越來越強烈，我便果斷離職、獨立創業，開始經營專為女性打造的資產運用學校「HANAMIRA」。

這裡的學員和我一樣，都是透過投資不斷開啟新的大門，改變自己的人生，像是：

● 開心投資並持之以恆，回過神來，資產已經翻10倍以上。

● 拿不到加班費，差點厭惡起工作，多虧有投資，

讓心靈有了餘裕,得以再次喜歡上工作。

● 即便因身體狀況而無法工作,每個月還是有 100
萬日圓的獲利。

● 因為投資,而開始對政治、經濟感興趣,開拓自
己的視野。

● 變富裕後,想為社會貢獻更多,於是自行創業。

許多人在 HANAMIRA 學習後,獲得經濟和精神上
的獨立,進而察覺到自己也有實現夢想的能力,除了讓
自己幸福,也開始為周圍的人或社會帶來良好改變。

文科出身不要緊,討厭數字也沒關係

你覺得股票投資很難嗎?實不相瞞,我大學時念的
是日本文學,典型的文科女孩。

我就是因為覺得數學很難、超級不擅長繁瑣的計
算,所以找工作時,基本上不找金融相關的職缺,而且
自己長期對金錢抱持刻板印象,獨斷認為追求金錢太勢
利,甚至認為就是要努力工作,賺的錢才心安理得,除
此之外的方法都不正當。就連投資人在閱讀的《日本經
濟新聞》也一樣,雖然我是以趕流行的心態,覺得讀起

來很酷才訂閱，卻完全搞不懂內容在寫什麼，以至於撐不到 3 天就不看了，而這樣的我，也開始毫無壓力的進入股市了。

HANAMIRA 學員的職業也五花八門，除了有像我一樣在大公司擔任儲備幹部的，還有護理師、保母、公務員、教師、行政人員、醫師、經理、演奏家、傳統工藝匠師、兼職人員、自由工作者、主婦等，學員年齡從二十多歲到六十多歲都有，各自擁有不同經歷，遍及北海道到沖繩各地，甚至有人遠從東南亞或美國前來參加 HANAMIRA 課程，快樂學習如何投資。

她們學習能力特別強？並非如此。她們和你一樣，既不是金融專家，也不精通錢財，只是普通人。**就算是沒有專業知識的一般人，也可以投資股票。**

樂於戀愛、追星、購物，就適合投資

本書會以戀愛、追星、購物為例，告訴各位股票投資的知識和觀念。

為什麼會利用戀愛、追星及購物？原因有兩點，第一點，這三件事都是多數人相當熟悉的事物，我想以這些為比喻，藉此降低心理門檻。

談戀愛要能幸福，關鍵在於堅持相信對方的強韌精神，有時則需要冷靜洞察狀況，決定是否分手。**戀愛中所須的洞察力、決斷力，以及相信自己和對方的精神，皆是操作股票時最需要的關鍵技能。**

　　樂在追星的人，要是發現中意的明星，就會打從心底高興，同時徹底去了解對方。他在哪個媒體上說了什麼？在社群網站上發了什麼文？喜歡什麼？這種調查力，也可運用在了解企業上，投資這種行為，就是將自己的錢交給企業、為企業加油，以追星角度來看，只不過是把對象從人變成公司罷了。

　　要買得划算，就少不了洞察買進時機的市場嗅覺。最近，許多人開始樂於把看中的商品，使用到某個程度後，再到二手交易平臺上販售，這類培養買進、賣出時機的能力，也可以活用在買賣標的上。

　　對我來說，戀愛、追星、購物，可以幫助我開心學習投資，同時展開充滿夢想和希望的人生！

　　注意：本書目的在於提供股票投資的相關資訊，而非提倡投資，亦不推薦特定股票、證券公司及金融商品。內容提及之股票投資相關事宜僅供參考，請讀者自行審慎評估投資風險。

第 1 章

理財的魅力，
從夢想開始

假如擁有其他賺錢技能，就能在人生所有的岔路上，輕鬆選擇自己想要的方向，「好想跟公司辭職，到研究所讀兩年」、「想在國外生活一年」，只要辭職後依然能供給自己生活，相信你一定不會放棄這些夢想。

　　實際上，當我迷上投資股票，想要創業告訴更多女性投資的樂趣時，也曾感到不安，但最後還是果斷辭掉了上班族的工作。

　　「我有在投資，就算有突發狀況，應該都還能應付。」既能讓自己不太有壓力，也可以透過投資，對自己的決策有信心。

　　現在是人生百歲的時代，未來我們的生命中會有許多想做的事，屆時就可以輕鬆挑戰，無須擔心金錢，只要學會投資這項技能，就可以讓自己展開新行動。

　　股票投資會成為我們強力的盟友，也是幫助我們實現夢想的最強贊助商。

每年可以犒賞自己吃幾次大餐

　　學習股票，藉由投資獲得金錢上的寬裕後，我改變了運用時間的方式。我開始思考：「我熱愛工作，但也有其他想珍視的事物吧？像是家人、朋友、自己的身體

狀況。」

　　生活，是將上天賦予自己的時間，分去做其他事情。就如同重新審視運用金錢的方法一樣，我也重新檢視自己該如何使用時間，然後有了以下改變：

- 飲食生活改以自己做飯為主。
- 每年享用幾次一餐 3 萬日圓以上的晚餐。
- 每天泡澡 1 小時。
- 和朋友相約旅遊，度過充實的下班時光。
- 經認識的人介紹，成功找到另一半。
- 擁有充足的睡眠時間。
- 有時會購買精品，獎勵自己。

生活變寬裕後，嘴角弧度也變寬

　　當身體、精神更從容時，我的氣色變得特別好，就連在公司裡，也經常聽到同事說我變開朗。更不可思議的是，工作品質也有所提升，不像之前，在桌前長時間沉吟苦思，現在短時間內就想出了有趣企劃。

　　或許是因為在優渥生活中遇到各式各樣的人，走訪不同的場所，過著充滿刺激及不斷接收新資訊的生活，

所以點子不斷湧現出來，回過神時發現，比起那時每天泡在工作中，現在更能創造出暢銷商品。

擺脫被動人生

對從前的我來說，人生就是就業、結婚、生小孩、退休。我的前方有一條既定軌道，我以為只要走在這上面，人生就會順利。假如在軌道上發生不幸，就認為是別人的錯。

然而除了眼前這條軌道外，其實還有很多條路，而以前的我完全不想去發現，就算找到其他路，也會覺得自己無法成功走上其他脫軌道路。我會改變這個想法，是因為**透過投資，我學到要對自己的人生負責**。

自從開始投資後，就經常看到「投資行為，風險自負」這句話，剛開始會覺得「這句話太冷酷了」。我當時想，假如有人可以替自己的決定負責，那一定很輕鬆。不過，我們都有能力自行做決定。

當上班族時，經常是「最後出主管決定」、「是組織的責任，不是我的」，很少有自己負責決定什麼的經驗，我的人生也是，一路走來毫不懷疑眼前的軌道，總是將決定權交給別人，而不是自己。

　　要買什麼股票、什麼時候交易，都必須由自己決定，既沒有人替你負責，也沒有人指示你買這個、現在賣，全部得靠自己。

　　剛開始我非常不安，一面煩惱：「投資失利的話怎麼辦……」一面思考，努力找出答案。當然，因為是投資新手，所以做出的決定時對時錯，有時會獲得意想不到的利潤；有時覺得這支股票一定沒問題，卻因為意料之外的國際情勢而暴跌。

　　雖然結果時好時壞，但我也慢慢習慣自己決定。既然我都能自行判斷要買賣什麼股票，人生的其他事情也一定可以好好做決定。

　　今晚吃什麼？要跟什麼樣的人交往？擇偶條件？以什麼標準安排旅遊行程和購物？還有，自己想要怎麼活？從眼前的小決策，到左右人生的大決斷，任何事情都可以自己判斷！

　　這麼理所當然的事情，讓我打從心裡覺得很感動。

我的人生由我決定

　　原本我以為自己是走在別人鋪好的軌道上，但事實是我選擇了這條路。

決定應屆進入電機廠商、跳槽到憧憬的公司的人是我；過著專注於工作的生活、決心製作好商品的人，也是自己，然而，我卻不認為自己走在屬於自己的人生道路上，因為我沒有察覺到，那些事都是我在做決定。

人光是自覺到正在選擇自己要走的路，面對人生的方式就會不一樣。自從開始投資後，我終於能感受到自己走在自己選擇的人生軌道上。

我的人生我做主，我也比以前更相信自己的潛力，有趣的是，這麼想之後，我後來的生活開始好轉：

- 遇見最佳情人並結婚，他不會強迫我改變什麼，

投資世界的規則：自己做決定。

能讓我保持自我。

● 製作商品企劃時，連連推出暢銷商品，並在公司
內獲得表彰。

● 獨立創業後，短短兩年就遇到 500 名出色學員。

工作也好，私生活也罷，我正在過著打從心底盼望
的日子，而這魔法般的變化不只發生在我身上，我經營
的資產運用學校 HANAMIRA 當中，也有許多女性和我
一樣，擁有這類奇蹟般的改變。

本書傳授的股票投資技巧，就是為了讓各位也能體
驗，發生在我身上的神奇變化。

主動投資，擺脫被動人生。

我的學員 7 成是新手

　　閱讀至此，相信各位開始認為投資好像很有趣，但還是很難跨出第一步。放心，我經營的資產運用學校 HANAMIRA，**學員中有 7 成是投資新手**，來聽說明會的人，很少一開始就認為自己一定辦得到，或許投資讓人覺得門檻很高，但只要以系統化的方式學起，就絕對不難。

　　投資工具有很多種，我會推薦新手選擇股票，是因為它總結了所有投資的本質，獲利龐大，卻不需要特殊才能。

　　就如前言所說，**即使不擅長計算，沒有金融的專業知識，也能學會投資股票**。經我這樣強調，相信各位一定會露出半信半疑的表情，因此，我接下來要消除許多人對股票投資所抱持的錯誤迷思。

迷思一：要隨時關注股價動態

一提到投資人，許多人或許會聯想到 6 個電腦螢幕連接在一起，上面顯示許多資訊，並同時進行交易的景象，然後認為「操作股票就必須一直盯著電腦看」吧。

確實會有人長時間盯著電腦螢幕交易，但那都是專業買賣股票的操盤手，我們沒必要做到那種程度，只需要找到喜歡的企業，熟悉後，**一天花 10 分鐘查看股市就可以了。**

即使沒有一天到晚盯著電腦，只要有一支智慧型手機也綽綽有餘，應該說，投資優質公司，因為企業會自己成長，投資人反而不太需要盯盤。這麼一想就會發現，**股票很適合現在忙於工作、家事及育兒的女性。**

一天花 10 分鐘檢視就 OK。

迷思二：要有專業知識

　　我直到開始投資股票之前，對投資人的印象就是天天看《日經新聞》或財經新聞，不過，這誤會可大了。

　　的確，假如懂得閱讀財經新聞，確實比較有機會拓展視野。但是，實際推動經濟的是我們每天的消費活動，以及企業的事業發展。

　　「案件不是發生在會議室！而是發生在現場！」（譯註：日劇《大搜查線》電影版第一部的經典臺詞）如同這句名言，經濟活動也不是發生在報紙或新聞中，就算沒有追逐艱澀資訊，日常生活裡也有許多投資啟示。以我的經驗來說，**新手期先以周遭的經濟活動為主，再開始投資會比較順利。**

　　日本有一本網羅上市企業資訊的厚重簿冊《公司四季報》，也是日本投資人御用的一本書。當然，你能讀四季報是最好，不過，剛開始學怎麼投資時，就算打開四季報，也只會被一片字海壓得喘不過氣，我就是這樣，正式投入的最初十個月，完全看不懂四季報，但即使看不懂也能獲利，所以一開始沒硬撐完也不要緊。

迷思三：股票是在賭博？

「股票是在賭博」，這是最常見的誤解之一。學習適當的觀念再實踐，並不能叫做賭，什麼都不學，毫無根據就投資才是。

經過學習後的投資是一種社會活動，是在企業提供改善社會的商品或服務時，我們以購買企業股票的方式，為公司加油打氣的行為，同時還能透過企業成長獲得報酬，真是一石二鳥。

只要投資優質企業，使其發展起來，就是在加入改善社會的活動。貢獻社會的同時，也有機會增加資產。

迷思四：要有大本金才能操作

各位覺得只有富豪才能投資嗎？我剛開始也這麼認為。有些富豪是建立了資產後才開始買賣股票，但也有很多人是透過股票而變成有錢人。股票投資絕不是只有富豪才能從事的行為，實際上，股價不到 10 萬日圓的股票比想像中還多（按：台股交易單位通常為「張」〔一張等於 1,000 股〕，日股單位通常為「股」）。但新手比較不曉得怎麼估算自己能冷靜操作的金額有多少，所以，我建議剛開始從小額起步，慢慢增加金額。

　　當我還是投資新手時，也曾得意忘形，用大半存款買進某家公司的股票。當時我總是惶惶不安，「要是股價跌了該怎麼辦？」完全沒心思工作，即便股價漲了，也會因為緊張而無法冷靜判斷，結果，那次投資以停損出場告終。

　　現在回想起來，當時的我並不適合操作那麼龐大的金額。我現在的交易金額是新手時的幾十倍，這是因為已經累積了經驗和自信，所以可以操作比較大的資金而不感覺有壓力。

　　HANAMIRA 的學員也一樣，剛開始也是從 10 萬至 30 萬日圓起跳，**我不建議存更多錢後再嘗試**，既然最初只會用一部分金錢投資，**不如快點開始再逐步熟悉，建立資產的速度會比較快**。

　　實際開始操作之後，也會改變自己的金錢觀，手邊自然更容易留下錢財。

只有 10 萬日圓也可以
開始買賣股票。

RISE 破解 4 大迷思：

1. 只要花 10 分鐘關注個股，不用盯盤。

2. 先觀察日常生活消費活動，再閱讀財經相關
   報導。

3. 學習正確觀念再操作股票，不算是賭博。

4. 不用存有大本金，先小額嘗試並熟悉流程。

目的決定你的手段

　　投資之前，問問自己：「我是為了什麼才開始買股票？」你的心中要有明確答案，為什麼？因為只要知道目的，你就能以幸福的心態持續投資。

　　投資也好，賺錢也罷，都只是讓我們的人生變得更美好的手段，尤其是女性，若是以賺大錢為目的，反而很難採取行動。

　　許多人追求的是金錢所帶來的感受，所以要是只有「賺到 100 萬日圓」這項目標，反而會缺乏動力，難以堅持下去。

　　「想每個月去吃一次幾萬日圓的全餐料理」、「想不計金錢享受追星活動」、「想在暑假時跟全家人到國外旅行」、「想買當季的精品包」、「想在 3 年後蓋自己的家」、「想用在孩子的報考費用上」、「想在 5 年

後出國留學」，無論是什麼樣的理由都沒有關係，重點是**描繪出你的夢想，才是持續幸福投資的祕訣。**

有目標，不會半途而廢

有時我會聽到這樣的話：「等我們老的時候就發不出年金，現在要是沒理財就糟了！」、「錢一直存在銀行也不會增加，不投資的人就是笨蛋。」只不過，之前我就算聽再多，也沒能付諸行動。

我在開始投資之前，雖然金錢上不算寬裕，但是就算被這些話煽動，也沒有激起我心裡的不安，讓我動念理財。恐懼不會讓人投入股市，擁有了夢想，才會成為你持續投資下去的動力，也才能以幸福的心情去享受投資。

投資最怕半途而廢，持之以恆，機會總有一天會到來，只要不放棄，就可以善用時間，讓資產以滾雪球的方式增加。

開始操作股票之前，你有想要實現的夢想嗎？

目的決定投資手段

弄清楚目標後，也會決定你的投資方式。比如想要

靠投資賺錢，以便在 5 年後蓋自己的房子，如果你選擇 20 年期的定期定額投資，一定來不及。

你想走上什麼樣的人生？**對自己誠實，是與金錢和投資和睦相處的祕訣。**

將自己想做的事情放在第一位，是在衡量人生規畫時非常重要的一件事。

許多人會覺得學習理財很無聊，是因為這類人試圖將人生套進某一種框架裡，「在 A 公司工作後，年收○○萬日圓，房貸可以貸多少，能買多少錢的房子」、「婚禮費用平均○○萬日圓」，的確，有目標值比較容易判斷，不過，即便是一場婚禮，辦在國外還是國內，要花的錢也不一樣，如果覺得是人生大事，就會花很多錢；假如認為不太重要，便只會辦個家族餐會了事。

儘管如此，如果只在乎目標金額，就會覺得拘束，彷彿注定「人生就只是如此」，這樣是不會喜歡上理財的。

投資的魅力在於，不必從現在工作的收入，逆推該為退休生活存多少錢，只要開始買賣股票，就會變得更想了解相關資訊，也能好好規畫自己的未來。

學習投資和使用金錢，都是實現夢想的手段，你想

要實現什麼夢想？越清楚自己的夢想和想要的生活方式，越不會迷失目標，可以持續下去。

**RISE
金句**

設定目標，才能讓自己堅持投資。

投資第一問：
你能承受多大風險

　　本書旨在學習股票投資的相關知識，不過，除了股票以外，還有很多投資法，接下來會先歸納哪一型的人，適合什麼樣的方法。我們會從目的、生活方式、能承受的風險，這三點來決定。

我該選擇什麼樣的投資方式？

　　我再重申一次，投資只不過是用來實現夢想的工具，如果選擇的方式無法幫助自己實現夢想，那就是本末倒置。

　　HANAMIRA 的學員曾問過我：「定期定額投資 ETF，以及投資個別公司股票，哪一個才好？」我回答：「兩個都可以試試看。」關鍵在於方法要配合你的目標。

假如是 20 年的長期跨度，就適合定期定額，比如在年利率 5% 的情況下，每個月固定投資，並持續 20 年，再利用日本的免稅制度，就可以讓本金滾到約 1.7 倍。要是你沒有特別做什麼，單純把錢存進銀行 20 年都不提領，再假設年利率為 0.001%，本金則只會滾到扣稅前的 1.0002 倍，也就是說，即便把 100 萬日圓存進銀行 20 年，也才多 200 日圓。

選股當然重要，不過長期定期定額投資，比什麼都不做，更能有效獲利，這是長期投資的優勢。假如你期盼藉由投資獲利，享受某幾天小奢侈的生活，就不適合定期定額。

股票的魅力在於，可以讓你 1 年後，或是 3 年後變得富裕。比如本金 50 萬日圓的人，只要在投資時，找到 1 年讓股價翻到 2 倍的股票，就可以獲得 50 萬日圓的利潤。

投資總是有幾年順利，有幾年不順，但只要以適當的方式持之以恆，就可以在較短的時間內增加資產。應該有很多人既想累積將來的資產，也想在短期間內變得稍微寬裕一點，既然如此，要實踐哪個方法都可以。

1 天只要花 10 分鐘查看股價

選擇投資手段時，要留意這個方法能不能融入自己的生活，讓你持之以恆？

剛開始要學的事情很多，所以不管怎樣都要花費時間，但只要越過障礙，之後就可以選擇最適合自己的投資方式，也是持續下去的重要關鍵。

許多人最初只在意錢，但你的時間也一樣寶貴。工作、家事、育兒、跟家人共處、培養興趣……人生除了投資外，還有很多該做的事情，新手起初會抓不準要撥出多少精力和時間在投資上，但只要熟悉，一天花 10 分鐘就夠。

找到要投資的股票，以長期投資為前提買進，一天花 10 分鐘查看股價，就可以開心投入下去，也不會大大改變生活型態。

你能承受多大的風險？

俗話說：「投資會伴隨風險。」聽到這句話，或許會覺得投資很危險，但投資股票本來就有風險，它意味著不確定性。

投資風險低，代表不確定性低，也就是金融商品價

格上下波動的幅度窄，銀行存款就是一種，原則上不會賠掉本金，但也不會一口氣增加；而股票有時會跌，有時會漲，資產便會時少時多，這類變動幅度高的交易，在投資市場中就會被稱作高風險。

　　風險和報酬成正比，低風險低報酬，高風險高報酬，可以思考想要增加多少資產，能接受多大的資產變動，在開始操作股票之前，好好審視風險與報酬。

　　下一章，就要教授股票投資的具體方法，讓我們一起實現夢想吧！

第 2 章

認識股價
漲跌機制

拿出追星的氣勢
支持好公司

　　最近經常聽到「我推（的明星）」和「追星活動」。偶像、演員、歌手、二次元角色……追星對象類型繁多。

　　許多人藉由直播、綜藝節目、發布在 YouTube 上的影片及其他方法，觀賞明星的表演內容，進而獲得活力，參加演唱會、收集周邊商品、跟同好交談等，享受追星活動的人也很多。

　　光是有偶像在，就能擺脫千篇一律的生活，充滿活力的度過每一天，為生活增添樂趣。追星的樂趣在於，能全力為喜歡的對象加油。對偶像的夢想有所共鳴，送上聲援的同時，也替他們的夢想加油，藉由這些活動，粉絲的生活和心靈將變得更豐富，投資也是如此。

所有數據背後，都有你我足跡

你也認為，操作股票就是觀察股價漲跌再買賣，在一片冰冷數字世界中交易嗎？其實買進企業股票的行為，也是某個人「想要改善社會」、「想要讓顧客開心」，進而開創某個事業。為了實現理想而持續經營，透過企業提供的服務，我們才能解決煩惱，過上幸福生活。企業是我們生活中的一部分。

儘管如此，在聽到股市，人們還是會忍不住以數字去理解企業。

觀察股市，從中找出優質企業，假如只看股價，就只是一堆數字，不過，這些數字背後有企業活動的足跡，有每個在那裡工作的員工，他們開發的商品或服

股票投資就是企業追星活動。

務，以及接受並喜歡這些的人和社會。

　　企業經營的事業裡，匯集了每個人的勞動成果，同時也有我們每個人購買企業開發的商品和服務時，所產生的經濟活動。企業經營者和員工拚命工作，假如這份工作能讓人開心，或是消除苦惱，事業就會成長，公司便能獲得利潤，股價便會上漲；反過來說，要是社會不接受那家公司提供的商品、服務，銷售額則會下滑、經營陷入困境，最終股價下跌。

　　股價不是單純的數字，而是眾人消費的結果，這麼一想，會不會覺得企業和股價稍微和自己有點關聯了？

買個股就是為喜歡的公司加油

　　只要仔細研究企業資訊，你就會冒出這些想法，「我喜歡這家公司的服務」、「我對這間企業的理念有共鳴」、「這家公司的社長好帥」，你將會逐漸發現各家企業擁有的魅力。

　　假如這間企業的各方面你都很喜歡，它就會變成「你推」的企業，**只要找到這類公司，之後模式就和追星一樣——為自己喜歡的企業加油。**

　　買股票為企業加油有個很大的優點，和實際追星一

樣，投入金錢到喜歡的企業，不但覺得很幸福，有時對方還能替你增加資產。

像追星一樣購買自己喜愛的企業股票，增加資產。

了解價值與價格

　　了解價格和價值的關係，是很重要的觀念，不只是股票，對任何投資來說都是如此。

　　現在要問大家一個問題，你認為 1,000 日圓的裙子，和 100 萬日圓的婚友社活動哪個便宜？想必許多人直覺認為 1,000 日圓的裙子比較便宜吧。

　　那麼，我們換個說法，你認為 1,000 日圓的裙子，和保證能跟理想對象結婚的 100 萬日圓婚友社活動，哪個便宜？相信有人開始對婚友社活動心動了吧。

　　雖然 100 萬日圓不是一筆小數目，但如果保證能跟理想對象結婚，這項投資就絕對不算貴，第一個和第二個問題中，100 萬日圓的婚友社活動所帶來的價值大不同。

　　明明金額沒變，卻因能獲得什麼，導致你改變評

價，這就是價格和價值的關係。

　　價格，是我們購物時所支付的錢；價值，是我們藉由購物所獲得的好處，價格 1,000 日圓就是 1,000 日圓，100 萬日圓就是 100 萬日圓，對任何人來說，價格都不變，價值卻會因人而異。

　　一個是不曉得能遇到什麼樣的對象，不一定結得了婚的婚友社活動，另一個則是保證可以跟理想對象結婚的婚友社活動，即便覺得前者要付 100 萬日圓很貴，但看到後者所帶來的附加價值，就會覺得 100 萬日圓很便宜。

　　即使金額相同，人們也會因為能獲得的價值不同，而判斷昂貴或便宜。

　　開始投資之後，我從日常生活就會觀察事物的價值，反過來說，要是不懂投資，就只會在意東西的價格。雖然世上有「價值觀」這個詞，世人的眼睛卻看不見價值。

　　不要以價格判斷，而是**用心留意看不見的價值，才是培養投資意識的第一步**。

3

你我都能成為公司股東

　　買進股票，你就可以成為那間企業的股東！聽我這樣說，你或許會有點驚訝，一直以來過著平凡生活的人，應該很難想像自己會成為某間公司的股東，不過，買下股票後，你就可以辦到這件事。

股東可以對經營方向提出意見

　　企業為了籌備資金以拓展自家公司，才會發行股票，而我們購買後，就可以成為該企業的老闆，也就是股東。雖說如此，但也不代表能對公司為所欲為，你只是買進那間公司所發行股票的其中幾股，並以共同經營的形式名列老闆罷了。

　　假如該公司賺到許多利潤，便能靠股息獲利。股東還可以出席股東大會——決定公司重要事項的大型會議

——並將股東的意見，反映在公司的經營上。

投資一間公司，便會成為該企業的股東。你想成為哪家公司的老闆？

賺到許多利潤獲得股息，以提供的商品和服務讓社會變更好，像這樣一間值得追隨的公司，各位想不想去當股東？若是那間公司販售的是自己喜歡的商品或服務，如果能當上這間公司的股東，心情應該會很雀躍。

讓我們投資自己打從心裡好想成為股東的企業吧。

股東會：是公司定期舉行的會議，所有股東皆有權參加，股東可以行使其股東權利，與企業管理層進行交流、決策的一種機制，包括投票決策、選舉董事、審核財務報告等。

獲利的 3 種方法

　　接下來，將說明藉由股票賺取利潤的 3 種方法，請配合你的目標，選擇最適合自己的。

想賺大錢，就靠價差

　　說到股票投資，最多人想到的就是賺取價差，是靠低買高賣，藉此獲利的一種方法。比如，若以 10 萬日圓買進，再以 30 萬日圓賣出，就可以賺取中間 20 萬日圓的價差（見下頁圖表 2-1），價差獲利又稱資本利得。只要善加選股，再低買高賣，就可以獲得可觀利潤。有些人靠股票大幅賺進資產，就是使用這個方法。

　　靠小額本金慢慢增加資產也一樣，第一步都是要能在投資股票時，靠價差獲利。有些股票每年可以漲到 2 至 3 倍，甚至 10 倍。**假如你想較快速增加資產，就要**

利用價差獲利法。

光是持有，就能領股息

會出現股票投資，是源於公司有賺錢，便將利潤分配給每個股東的構想，而分配給股東利潤便是股息，又稱為現金股利。

股息金額會在股東大會上，決定平均 1 股的股息多少錢。股息多寡因公司而異，企業若能創造許多利潤，

圖表 2-1　價差獲利的機制

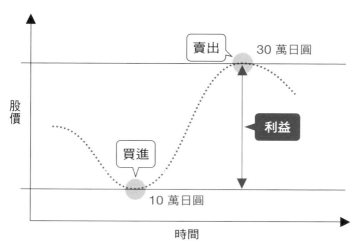

選在股價便宜時買進，昂貴時賣出，就能賺取價差。

且有分配給股東，股東所得到的金額會越大。

　　接觸股票後，經常會聽到殖利率這個詞，是指買進的股票，一年內會生出多少股息（雖然會因公司業績而異，但要注意，殖利率高也不代表是好公司）。比如，知名消費品製造業花王，2023 年 2 月時，預測殖利率為 2.91％，假設買進 100 萬日圓的花王股票，1 年就能獲得 29,100 日圓的股息。

　　雖然股價會起伏，難以單純比較，不過大型銀行定存的平均報酬率只有 0.002％（按：在臺灣，銀行定存之報酬率為 1％），想到存 100 萬日圓，也只能拿到 20 日圓的利息，就覺得投資高殖利率股票比較好。

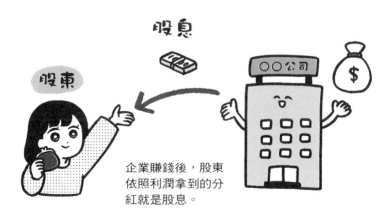

企業賺錢後，股東
依照利潤拿到的分
紅就是股息。

只要持續持有特定企業的股票，就可以定期獲得企業發放的股利，買進之後，不用特別去做任何事，股息就會進帳，堪稱是不花工夫的投資。

只不過，再怎麼不花工夫，股價仍會漲跌，要是企業業績惡化，股價就會下跌，股息也可能會減少，所以買進後還是得經常查看股價動向。

來自企業的禮物——股東優惠

各位聽過股東優惠嗎？簡單來說，就是企業送給股東的禮物（按：類似臺灣的股東會紀念品）。

比如持有 Oriental Land 股票，就可依照股數，得到東京迪士尼樂園的門票或其他贈品，這真是令人開心的禮物！

食品或餐廳的股東優惠，在投資人之間也是熱度不減，尤其是自己中意，或者平常有在購買的企業商品或服務，要是有給予股東優惠，便會不想賣出那間公司的股票。

我周圍的女性就是看準股東優惠，才持有某家化妝品廠商的股票，聽說是送高級化妝水；某個媽媽投資人，為了能獲得兒童攝影棚拍照的股東優惠，而持有

小知識

　　殖利率＝每一股股息（現金股利）÷每一
股股價。

　　股息：指現金股利。公司將獲利的一部
分，以現金的方式，配給買公司股票的投資人。

　　如何查詢股東紀念品領取條件（以中鋼
〔2002〕為例）：

　　　　　　　　　資料來源：公開資訊觀測站。
網址：https://mops.twse.com.tw/mops/web/t108sb16_q1

那間攝影棚的股票。假如自己想要的商品與股東優惠相符，把目標放在股東優惠上，也是一個不錯的選擇。

本書所傳授的投資股票方法，是為了幫助大家實現夢想，故需要能賺取價差的股票，以盡快高效增加資產，因此，講解選股技巧時，會著重在這一點上。

賺價差、拿股息，我該選哪個？

先前提過，選擇投資方法時，一定要回歸你的投資目的，買股時也該配合目標挑選方法。

實現你的夢想究竟要多少錢？能拿出多少本金？以這些為基準來選擇投資方式。比如，現在你手邊能用來投資的資金有 100 萬日圓，每年得有 4 萬日圓才能實現夢想的話，就要投資殖利率 4% 的股票；若是想買精品包、帶父母去高級日式餐廳、出國念研究所，每年幾萬日圓的股息便會不夠用。

假如本金有 100 萬日圓，最好投資在可能翻 2 倍的股票上，追求賺取價差。要是你已經擁有龐大資產，能拿出 1 億日圓的本金，且比起增加資產，更想有被動收入的話，投資殖利率 4% 的股票，也不失為一種方法。不過，若要想將手邊的 1 億日圓變得更多，價差獲利才

是你的首選。

　　我的學員剛開始投資時，能拿出的資金為 10 萬至
30 萬日圓，最多也只有 100 萬日圓左右，很多人都有
很多夢想待實現，所以會先著重在賺價差上，將資金投
進明星公司，慢慢增加資產。

　　我們要弄清楚投資的目的，和自己的資產規模，衡
量是要賺價差還是拿股息。

RISE
金句

配合投資目的，選擇賺取價差或是領
股息。

股價機制，
和二手交易平臺一樣

　　股票為什麼是這個價格？股價上漲的理由非常簡單，就是想買的人多於想賣的人；股價下跌，則是想賣的人多於想買的人。換句話說，**股價高低，取決於有多少人買賣**。

　　我以演唱會門票為例，在日本，假設想去當紅偶像團體的演唱會，就要先參加門票抽選，若沒抽到，接下來會試著從讓票網站上購買。要是團體很受歡迎，定價1 萬日圓的門票，常會以更高的價格出售，紅透半邊天的團體，有時還會有 10 倍以上的溢價。

　　敢販售超過定價數倍的票，就是因為想去該團體演唱會的人占多數，明明有人想去（需求），卻沒有相應的門票張數（供給），票價便會高漲。

　　反過來說，假設偶像團體傳出醜聞，聲望驟降，若

是有人買了演唱會門票，但不想去了，這時會怎麼樣？
讓票網站上想賣門票的人（供給）變多，想要門票的人
（需求）變少，於是票價暴跌。

股價就像二手交易平臺的商品價一樣

供需平衡會影響物品或服務的價格，看看日本二手
交易平臺 Mercari，就能懂為什麼。

Mercari 上會以高價出售許多人想要，或是販賣數
量稀少的商品，反過來說，很少人想要，或是販賣隨手
可得的商品，價格就會很便宜。

股市也一樣，假如**想買這支股票的人較多，股價就
會上升；想賣的人較多，股價便會下滑**。

股價上漲機制，就和熱門用品能在二
手交易平臺高價賣出的原理一樣。

下單就像網購

統整之前的內容，就會發現我在傳授以下原則：

- 股票投資就像追星。

- 想要增加資產，就要利用價差獲利。

- 股價漲跌，取決於有多少人想買或賣。

這樣歸納後，各位會不會覺得，操作股票其實沒有那麼難？

只不過，有些人還是很難跨過心理的擔憂。放心！買股相當簡單，只要熟悉流程，10 秒就可以完成，訣竅就是，像在亞馬遜或樂天市場網購一樣。

買股時有 4 大重點：

1. 買哪支股票？

2. 要花多少錢買？

3. 買進多少股？

4. 什麼時候下單？

如何開證券戶？

1. 準備雙證件、印鑑和些許現金（約 1,000 元左右，開戶存款用）到證券商開戶。

2. 填寫相關資料，並申請電子交易委託書，才能用電話、網路下單。

3. 完成開戶後，營業員會帶你到配合的銀行開立交割銀行帳戶。

開戶條件：

1. 年滿 18 歲，本人可親自開戶。

2. 7 歲以上，未滿 18 歲，須父母陪同。

3. 未滿 7 歲，只須父母前往即可，並攜帶父母與小孩的戶口名簿或戶籍謄本、第二證件、印鑑。

　　這些幾乎和你在網購時沒什麼兩樣。而向證券公司開戶，事先下載 App 到智慧型手機之後，就可以指定以上這 4 個項目，買進股票。

　　要買哪支股、花多少錢買、買進多少、什麼時候買，將這些資訊輸入 App 之後，只要符合條件就會自動買進。證券公司的開戶申請也一樣，只要 10 分鐘就完成了。

　　深受 HANAMIRA 學員喜愛的證券戶是樂天證券、SBI 證券、摩乃科斯證券等網路證券公司。

　　假如只有開設帳戶，多半不用付費。成功開設帳戶之後，買股的準備工作終於告一段落。之後就像網購一樣輕鬆買股吧！

買股所須的 4 項要點

　　就如前面所言，買股時必須事先決定 4 項要點：

1. 買哪支？
2. 買幾股？
3. 要不要指定買進價格？
4. 掛單有效期限到什麼時候？

關於第一點的具體選股法，會在第 3 章詳細告訴各位。決定想買什麼樣的股票後，就要聚焦在第二、三、四點上了，其中最關鍵的就是買幾股。

在日本，購買股票需要以 100 股為單位，而不能以 1 股為單位自由買進。買進價格＝股價×股數，比如股價 1,000 日圓的股票，若買進 100 股，總價就是 1,000 日圓（股價）×100 股（股數），等於要花費 10 萬日圓買進。

> 1,000 日圓（股價）×100 股（股數）
> ＝花費 10 萬日圓買進

決定購買股數後，接下來就要衡量該花多少錢下單，股市中有分限價單和市價單，限價單是以特定價格交易；市價單則是不指定價格，直接下單。

限價的優點便是可以自行決定買進價格，不過，除非有人以這個價格賣出，否則無法買進；市價單則是只要下單就能買進股票，缺點是不知道會以多少錢成交，在熟悉投資之前，我建議先用限價單。

最後要衡量下單期限，一旦超過自己設定的有效期限，就會失效，剛開始投資時，最好設定在當天。

要懂得看委買委賣量

開始投資股票後，必然會看到委買委賣量，這是針

小知識

在臺灣，可以購買 1 張（1,000 股）股票或者零股。台股交易時間為週一至週五，早上 9 點至下午 1 點半。

零股交易時間分成盤中及盤後，盤中交易時間為上午 9 點至下午 1 點半；盤後交易時間為下午 1 點 40 分至 2 點半。

交割期限：買賣股票，需要於成交日後第 2 個營業日上午 10 點之前完成交割，逾時將被申報違約。

掛單：已經委託買進、賣出，等待成交回報。

限價單：以特定價格交易。

市價單：不指定價格，直接下單。

對個股，了解每個價格的買單和賣單狀況的一覽表，只要透過網路證券前往股票下單畫面，就會看到委買委賣量（見圖表 2-2），便能一眼得知想要買股票者，和想要賣股票者的交易狀況。

該股票以什麼價格交易了多少？想賣的人很多嗎？還是想買的人比較多？一眼就能知曉。許多投資人都會

圖表 2-2　查看委買委賣量的方法

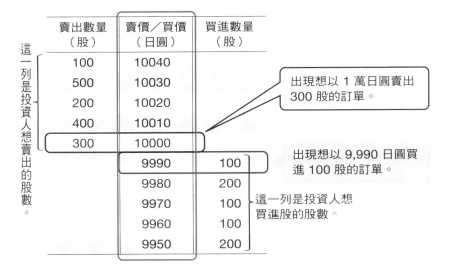

想賣股票者和想買股者希望
的股票價格稱為報價。

先看過委買委賣量再下單，這是投資股票的必要資訊。

　　另外，日股有時會出現「S」或「特」的標誌。S是漲停板或跌停板的訊號。

　　　　臺灣券商的看盤軟體，通常會將委買量與價格放左邊，委賣量與價格放右邊，並顯示離目前成交價最接近的五個價位。

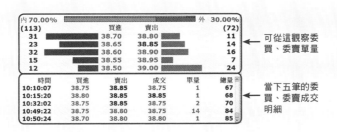

資料來源：《做股票就像穿藍白拖》。

　　　　漲跌幅限制：臺灣的股市有 10% 的漲跌幅限制。

　　　　委買委賣量：買單和賣單的數量。可在證券商的網路下單頁面看見此表。

漲停板或跌停板是用來將股價 1 天的上升或下降，限制在一定變動幅度內，又稱為漲跌幅限制。

　　當天的行情到漲停或者跌停時，便無法以高於漲停板，或低於跌停板的股價交易。股價上升到當天漲跌幅限制的上限稱為漲停，股價不會再往上升；股價下跌到當天漲跌幅限制的下限後則會跌停，股價不會再降得更低。

　　「特」是指特別報價，意思是當買單過多或賣單過多時，直到買賣雙方股數達到均衡前，交易不會成立，買賣家可以試著調高或調低買價或賣價。一旦出現 S 或特的記號，股價有可能大幅波動，要多加留意。

股價翻兩翻的股票 怎麼找？

我開始投資股票之後，經常聽到其他人說「買進的股票翻了 2 倍」、「翻到 3 倍」，各位知道這是怎麼一回事嗎？

投身股市後，一定會經常聽到市值。市值是代表公司價值的指標，指整個買下某家特定公司時的金額，比如，2023 年 1 月 31 日，豐田汽車（TOYOTA）的市價約 30 兆 9,495 億日圓，任天堂（Nintendo）為 7 兆 3,051 億日圓。

買下整家公司需要驚人鉅款。好不容易發現好公司，手上也沒辦法拿出這麼多錢，就算想要成為心儀公司的老闆，也要花幾百億日圓、幾千億日圓，甚至是幾兆日圓，不是人人都可以辦到，**所以股票就是把公司價值分成小份，讓大家都可以當老闆。**

哪怕是市值 100 億日圓的企業，只要發行的股票，能以每股平均 1,000 日圓的價格買進，一般人也可以無痛投資。

千萬要記得一件事，那就是將來你觀察企業價值時，要從市值來判斷，而非股價。

判斷企業價值要從市值來看

要是企業增加發行股數（股票分割），就算市值不變，分割後每股平均價格也會變便宜，因此，光看股價無法評估企業價值。

假設 A 公司市值 100 億日圓，股價為 1,000 日圓；B 公司市值同樣也是 100 億日圓，但股價為 1 萬日圓，這時你認為哪間公司比較有價值？答案是一樣。

為什麼股價不一樣？因為發行數不同，市值是用股價乘以發行股數，即便市值相同的公司，股價也會因為發行股數而異。

市值＝股價×發行股數

所以不能光看股價，就認為 B 公司股價是 1 萬日圓，所以企業價值就比 A 公司高 10 倍。

 **小知識**

市值：為上市公司在證券市場上的「市場價格總值」的簡稱。

算式為：市值＝股價×發行股數。

第 **3** 章

像血拚一樣
找前景股

從生活中尋找投資標的

「好想成為這家公司的老闆！」該怎麼尋找出色企業的股票，讓你的資產如預期般增加？

生活中尋找投資標的

你知道優衣庫（UNIQLO）的刷毛衣嗎？

優衣庫於1998 年開設原宿店，並將刷毛服飾當成主打商品大肆宣傳。當時我還是小學生，班上有一半以上的同學都穿刷毛衣，它徹底席捲日本。

只要查看經營優衣庫的迅銷當時的股價，就會發現，1998 年 11 月底的股價為每股 362 日圓。

1 年之後，1999 年 11 月底竟然漲到了每股 9,500 日圓，再經過 1 年，2000 年 11 月底則變成每股 13,520 日圓。

或許有人會想，**假如當時我具備投資觀點，買的就不會是刷毛衣，而是迅銷的股票⋯⋯**這種感覺我非常懂，其實我也一樣。

　　念大學時，我曾經參加日本最早研究臉書和推特（譯註：於 2023 年 7 月起更名為 X）的研討會。

　　日本當時的社群網站還是以 mixi 為主，但使用臉書或推特的學生也不少，周遭喜歡新事物的朋友也慢慢開始在用。

　　「這些服務一定會大大改變社會！」雖然我有這種感覺，但當時並沒想過要投資股票，有時回首當初會很後悔，要是那時懂得投資就好了。

　　自己覺得出色的商品或是服務，搞不好會幫助自己提升資產，iPhone、手機遊戲和網飛（Netflix）等都是如此。

　　記得將社會上發生的事情、流行商品和服務視為投資對象，並從平常就要思考「現在買這支股票的話會怎麼樣」。

　　投資的第一步，就是在日常生活中找標的。

多留意,生活處處有投資標的。

4 道鐵則，找出潛力股

　　首先我要告訴各位，什麼企業適合當明星，尋找將來會成長的企業時，有 4 個重要守則。

與其看名氣，不如找有成長空間的

　　第 1 個關鍵守則是，這間企業有成長空間。以下就以偶像團體嵐為例子說明。

　　嵐現在中止活動，不過，假設日後團體仍持續活動，而你是公司社長的話，想必也會花費巨額資金在他們身上吧？

　　畢竟他們有高知名度，粉絲俱樂部的會員人數也很可觀，每位成員也好，團體也罷，皆擁有龐大的粉絲。既有壓倒性的實績，也有實力，人人都認同他們是足以代表日本的偶像團體。

不過，正因為是知名團體，將來想要再次爆炸性增加粉絲，想必很難辦到。當然，假如嵐可以成為足以代表世界的偶像團體，知名度及影響力便會飛躍提升，更勝今日，只不過，要讓他們成功進軍世界，就需要更龐大的資金、勞力和縝密的計畫，雖然成長可期，卻不容易實現。

另一方面，如果把資金和勞力，花費在還沒有名氣的團體上，不僅花費成本小，也較容易提升知名度、增加粉絲，帶來龐大利潤，對公司來說，培育將來會成長的無名團體，較能輕鬆獲得報酬。

企業的 CEO 有熱情嗎？

第 2 個關鍵是人，企業是否會成長，說是跟人有關也不為過，讓我們再以偶像團體為例。

偶像團體要朝什麼方向經營，與團隊成員以及相關製作人具備什麼樣的想法、願景有關，比如前面介紹過的嵐。

嵐擁有很多不同的魅力，許多粉絲會提到的一點是「五名成員感情很好」，正因為全體成員都不是想出風頭的人，才會在進行演藝活動的同時，尊重彼此的特色

和強項，這一點大家有目共睹。

　　同時嵐也將粉絲稱為「第 6 個成員」，與粉絲建立平等關係，「大家（包含粉絲在內）一起觀賞從未看過的景色」，他們的這項願景持續抓住粉絲的心。

　　早在嵐結成之初，公司對這個團體的構想就是「通行世界的團體」，專訪時也曾提到讓世界看見他們。嵐以明確的願景為基礎，讓自己的想法成形，成為當紅炸子雞。

就像為偶像應援一樣為企業加油。

企業也一樣，要怎麼成長、帶給社會什麼影響，取決於該企業描繪什麼樣的願景、能否實現，而決定企業願景的便是社長。比如發展出 Ameba 部落格和網路電視臺 ABEMA 的網路公司思數網路（CyberAgent）。

該公司社長藤田晉揭櫫「開創足以代表二十一世紀的公司」這項願景，並以此目標經營企業。

思數網路創辦於 1998 年，2000 年股票上市，就如這位社長設下的願景一般，2020 年企業市值就成長到能與日本廣告業界的巨人級企業電通抗衡。

這家企業經營者描繪出什麼樣的未來藍圖？

　　思數網路擁有「開創足以代表二十一世紀的公司」這項宏大願景，且具備實現願景的執行力，所以才會成長到如今地步。

　　亞馬遜的創辦人傑夫‧貝佐斯（Jeff Bezos）、蘋果的共同創辦人史蒂夫‧賈伯斯（Steve Jobs）、特斯拉的經營者伊隆‧馬斯克（Elon Musk），及其他著名經營者，都會描繪巨大願景，並且為了實現而不斷令企業成長。

　　不只是超級知名企業，任何公司都一樣，CEO 應該要胸懷熱情，揭櫫願景。

　　選擇投資標的時，要審視一下那間公司的社長，是以什麼樣的心思在描繪公司未來。幾乎所有上市企業，都會在官網刊登社長的話和願景，可以查看報紙、雜誌專訪或訪談，從採訪內容和經歷，就能看出社長的為人及實力。

　　最近有些社長也會試著用影片傳達理念，或是利用社群網站發送資訊，我們要審視這些內容，再想想這些問題：「你對那名社長的想法或願景有共鳴嗎？」、「你認為那位社長是否具備實力或實際績效，能幫助公司實現願景？」假如答案是肯定的，恭喜你，發現了明

星企業！

觀察業績

第 3 個關鍵是從業績等數字中，觀察該公司是否值得信賴。

評估偶像團體實力的指標有很多種，像是粉絲俱樂部會員數、Oricon 公信榜排名、YouTube 影片觀看次數、葛萊美獎、日本唱片大獎，或其他獎項的得獎數，以及舉辦五大巨蛋巡迴演唱等（譯註：指札幌巨蛋、東京巨蛋、萬特利巨蛋名古屋、大阪京瓷巨蛋及福岡

從數字中能看出公司實力。

Paypay 巨蛋），這些數字代表偶像團體提供給大眾多少價值，以及其知名度及影響力。

這些數字相當於企業的銷售額或是利潤。銷售額越大，代表提供給大眾越多價值；能賺到更多利潤，代表建構出來的商務機制越完善。就算社長人品再怎麼高尚，描繪的願景再怎麼大，要是沒有數字，一切都是空談。

為了確定公司是否有實力將強烈意念付諸行動，我們一定要查看該企業過去的實績，注意銷售額、利潤及其他數字。

清楚了解明星的魅力。

你覺得好的公司，
對別人來說也是如此嗎？

粉絲在看偶像時，重點會擺在哪？相信有在追星的人一定都知道，有些人覺得是「他唱歌很好聽」、「那個團體擅長跳舞」，或是「這個樂團的成員感情很好」，比如，韓國知名偶像團體防彈少年團（BTS），無論唱歌、跳舞、人品及成員關係等，各項都獲得高評價，粉絲數逐漸攀升。

企業也一樣，第 2 章解釋過，有價值的公司會提供眾人渴望的服務，只要發展出人人叫好的事業，就會提升公司價值。

關鍵在於其他人也跟自己一樣，認為那間公司的商品和服務有魅力，而不是只有自己覺得好，假如可以發展出許多人都需要的事業，公司業績自然會有所提升。

你覺得那間公司提供的商品或服務優秀嗎？其他人也這麼覺得嗎？記得冷靜觀察公司的特點，是否也值得其他人追。

4 道鐵則，找出前景股：

1. 找還有成長空間的企業。

2. 企業 CEO 對公司有無願景。

3. 查看業績。

4. 你認為的好企業，大家是否也認同。

自己查資料有極限，你要有夥伴

　　讀到這裡，各位是否開始慢慢想要遇上有魅力的明星企業？到底要怎麼樣才能遇到這類公司？這裡傳授兩個邂逅法給你。

從喜歡的商品或服務找起

　　各位可以先審視一下家裡的商品，以及平常使用的服務，會使用它，背後一定有原因，或是你感受到這項商品的魅力，而提供這些商品及服務的公司，說不定會是我們可以投資的對象。

　　前面曾提到，只要提供許多人認為有魅力的商品或服務，公司銷售額便會增加，規模也能有所成長。所以，第一步就是審視周遭的商品和服務，比如愛吃的點心或常用化妝品，可以先查詢這些公司的相關資訊。

你使用的產品藏有投資暗號

接下來要介紹 HANAMIRA 當中的真實案例。

某位學員在幾年前的秋天，經常看見麗優（DUO）的卸妝膏廣告，因此，她問了約 30 名學員是否在用麗優的卸妝膏，發現竟然有 3 個人使用這項產品，有些人是自己買的，有些人是媽媽買來放在家裡。

她調查後發現，麗優後面的營運公司叫做 Premier Anti-Aging，這家公司的股價在那年冬天飆漲，約 7 個月就翻了 3 倍左右。**你周圍的商品或服務中隱藏著投資訊號，務必找出可以挑選的明星企業。**

日本約有 367 萬家公司，其中股票上市的只有 3,869 家（截至 2022 年底，按：根據金融監督管理委員會證券期貨局資料統計，2022 年臺灣上市公司有 971 家，上櫃公司有 808 家）。上市企業少很多，代表就算企業提供有魅力的商品或服務，也不一定會上市，而沒上市就無法購買股票。

即使如此，從上市企業中找到有魅力的公司時，它便有可能成為明星企業，替你增加資產。

觀察數字或有無成長

假如平常就有夥伴可以交換企業的相關資訊，這是一件好事。

如果想尋求能談論投資或金錢相關主題的夥伴，推薦可以加入社群或沙龍等團體。當你在懷疑「麗優真的暢銷嗎」時，要是知道同伴也有買，應該會對自己更有自信，而對不知道麗優的夥伴來說，也是新資訊。我和 HANAMIRA 的學員，都是在自行尋找明星股票的同時，活用來自夥伴的資訊，一起增加資產。

如果就算試著在周遭尋覓，也沒有順利找到值得挑選的明星企業……這時我會建議大家制定某些標準來鎖定對象，以下將傳授我實際使用的兩個標準。

1. 每年銷售額有無成長

了解企業價值的標準之一，是每年銷售額有無成長。前面提到，只要企業提供優秀商品或服務，銷售額就會有所成長，我們要注意銷售額年年攀升的公司，至少確定這 2 至 3 年的銷售額是否成長，銷售額變化會刊登在官網上，也可以透過證券公司的網站求證。

銷售額有提升，證明公司發展順利，假如銷售額只

有成長 1 年，很可能只是某個熱潮下的短期成長，但若連續好幾年，就證明企業有在穩定發展。

要注意的是，雖說過去幾年來銷售額都有提升，但不保證今後也會持續下去，以往的成長是有實力的根據之一，將來是否能保持，取決於該公司事業的發展，需要好好觀察。

2. 市值 1,000 億日圓以下

市值是評估企業價值的指標，也表示買下整間公司時要花費的金額。

$$市值＝股價×發行股數$$

根據這條算式，股價變成 2 倍後，市值也會放大 2 倍，一旦市值變成 2 倍，公司規模也會跟著擴大，這裡的關鍵在於要尋找市值多少的公司。

將市值 1 兆日圓變成 2 兆日圓的企業，和讓市值從 100 億日圓變成 200 億日圓的企業，你認為哪個比較吃力？當然，這也依公司的事業而定，但若兩者都有一定

業績，將市值 100 億日圓變成 200 億日圓肯定比較容
易。換句話說，假如你從市值 100 億日圓的公司感受到
和 1 兆日圓公司同等的魅力，最好選擇前者。

　　找到明星企業後，再檢查市值，盡量在 1,000 億日
圓以下，理想情況是在 500 億日圓以下。

　　讓我們用這兩個標準尋找和鎖定企業，找出值得挑
選的明星股吧。

臺灣可於公開資訊觀測站查詢營業收入的
變化，以台積電（2330）為例：

❶ 輸入公司代號

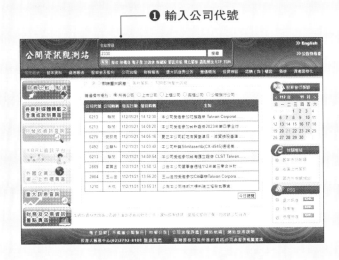

❷ 找到營收資訊

資料來源：公開資訊觀測站。

第 **4** 章

追星投資法

用自己的話說出
這家公司的優勢

仔細調查候選企業，發現真正的明星公司後，就要建立投資計畫，實際行動。

追星股票投資步驟如下：

1. 遇上明星候補企業。
2. 調查並深入了解候補企業。
3. 擬定成長腳本，建立投資計畫。
4. 實際買進股票。

以第 3 章的方法為準則，遇上明星候選企業後，就要更進一步、深入了解該公司。經過翔實研究，明白這家公司的魅力，應該就能將這家企業的股票，升格為你

心目中的明星股。

追星這種活動，會在找到自己喜歡的偶像後，越來越想知道他的相關情報。

同樣的，假如發現有魅力的企業，記得追蹤並了解該公司，若打從心裡認同它所追求的願景，可以想像到它的未來或想替它加油，最後就可以買進那家公司的股票，一起期待它的成長。

買股是將自己寶貴的金錢投入那家公司，正因為懂

徹底調查吸引自己的企業
後，把它當成明星吧。

得金錢的寶貴，才會充分了解投資標的，並在認可其表現後想要追隨。

　　開始投資前，最重要的就是充分了解投資對象，所以第 4 章會告訴各位如何洞見企業，預測成長及建立投資計畫。

用自己的話說出企業的魅力

　　投資股票時，洞見候補企業會不會成為投資對象，指的是**能否用自己的話，說明那家企業的魅力**。

　　股票的世界中，許多人無法自己判斷標的的好壞，卻想知道成長股是哪支，但是，以為知道成長股就能賺到錢的人，不會在股市中一帆風順。

　　想獲得利潤，就要買進特定股票，也必須自己決定何時賣出，就算知道哪支是成長股，若沒有充分了解相關資訊，也無法察覺賣出時機。你必須夠了解那間公司，到能以自己的話說明它的魅力及優勢，才有辦法決定要在什麼時候賣出。

　　想在投資上持續成功，就要記得投資自己打從心裡想要追星的企業。

　　實際看看 HANAMIRA 的學員，便會發現**擅於投資**

的人，都懂得用自己的話，說出自己認定的優秀企業擁有什麼魅力，這也就是買進股票的理由。

追星也一樣，大家都說得出自己為什麼喜歡那個偶像團體，比如我朋友就打從心裡愛著樂團 GLAY。

我詢問他們有什麼迷人的地方，對方告訴我：「GLAY 既有實力又帥氣，每個成員間感情都很要好，真是迷人！給你看看這支影片，大家打電動的模樣看起來真開心！」你周圍所有追星的人，應該不會沒有原因，或陪朋友追，才去喜歡偶像的吧？投資也一樣，不能因為「不清楚為什麼」、「知名投資人推薦」，或「知道公司名稱」就決定標的，而是要懂得說明「為什麼覺得這家公司好」。

蒐集網路資訊和採訪報導

想用自己的話說出明星企業的魅力，就必須充分了解那家企業，包括銷售額或利潤有多少？與同業競爭對手相比怎麼樣？商品或服務有什麼獨特的地方或強項、魅力？企業目前為止的成長步調？高層描繪出什麼樣的願景？對股東發出什麼樣的訊息？媒體怎麼報導這家的經營團隊或員工？

　　各位要盡量蒐集過去、現在和未來的一切資訊。你不必像以前一樣讀遍報章雜誌，現在只要透過網路，就能蒐集到七、八成，上市企業也有義務向股東說明，企業官網也會發布許多資訊，或許其中會有社長、經營團隊或員工接受採訪的報導，我們要盡可能搜尋和瀏覽這類訊息。

　　假如還有自己或聽到周遭人的實際經驗就更好了。我的感覺是，從網路上得知的公司資訊，占了總體的 3 成左右。俗話說：「百聞不如一見。」沒有什麼比透過自己的經驗獲得的見識更有用，所以，要在自己的經驗中發現明星股票。

　　蒐集並充分了解網路上的資訊，以及從自己或朋友的經驗中獲得消息後，要是喜歡那家企業的魅力，它一定會成為你的偶像。

除了市值，
還要考慮成長速度

　　能以自己的話說出企業的魅力之後，接著便要擬定成長腳本了。

　　提到成長腳本，有些人或許會覺得很難，但若能釐清追星理由，應該也可以預測企業往後會怎麼成長。

　　比如，現在有個組成沒多久的男子偶像團體，雖然知名度還很低，但你認為這個團體很讚，未來一定會壯大起來，許多人在發現這樣的明星時，想必會預測這個團體將來會多麼有名吧？

　　或許你會想，幾年後，他們會在國立競技場（按：位於日本東京霞丘的體育場）開演唱會，連連推出無人不知的熱門金曲，成為老少咸宜的國民偶像，要是可以登上世界舞臺，到美國巡迴演唱的話就太好了。

　　若是喜歡的明星是日本男子偶像團體的話，或許

會跟日本國內其他的男團比較，SMAP、嵐、NEWS、關八、KAT-TUN、King & Prince……你看著具有知名度的偶像團體，應該會這樣想：「要變成像 SMAP 或嵐一樣的超紅團體或許很難，不過，這個團體知名度高，粉絲又多，搞不好能變成像 NEWS 或 KAT-TUN 這樣！」你會覺得這位明星的歌曲和舞蹈都一流，進軍國際應該行得通，搞不好能和活躍於世界的韓國男團 BTS 相比。

明星團體會成長到什麼程度，可以比較類似的團體，同時衡量其成長的可能性。

以市值作為買賣的參考

股票投資也要衡量企業的潛力，去比較其他公司，進而從現在的市值，預測企業將來會成長多少。

我們想像一下，公司要是順利成長，未來的成長規模會是什麼樣子。假如是 IT（資訊科技）產業，競爭對手就是別的 IT 公司；若是食品製造商，就是其他提供相同服務的企業。

預估市值是相當重要的關鍵，要是沒有成長目標，投資就會沒有計畫，很難成功。

　　無論企業成長幅度大還是小，股價都會隨著起伏漲跌，**要是沒有市值做為目標，就會對眼前股價的起伏忽喜忽憂，錯失本應獲得的利潤，或是蒙受無謂的損失，**「之前因為股價翻到 1.3 倍而開心賣出，後來股價卻不斷上漲，翻到 3 倍，當時要是沒賣掉就好了」、「買進之後股價急速下跌，嚇得我馬上脫手，幾個月過後卻狂飆猛漲。我當時為什麼要賣呢？」你的偶像企業只成長到現在市值的 30％，還是 2 倍呢？只要設想成長規模再投資，就不會焦慮，或是因為沒有根據的理由而賣掉股票。

　　「股價已經翻到 1.3 倍，不過接下來應該會翻到 2 倍，還是繼續持有吧」、「市值達到我設想的目標了。雖然不曉得會不會成長更多，但先暫時在這裡賣掉吧」，只要將市值做為目標，就不會為了眼前股價的起伏而動搖，能安心買賣。

　　要是沒有市值作為目標，就不曉得該把多少資產投資在企業上，也不知道資產可能會增加多少。

　　與比較對象相比，自己看重的企業現在的業績或市值怎麼樣？事業成功發展之後，市值可能會成長多少？能這樣預測，才可以建立計畫，了解自己的資產會有多

少漲幅。

當然，預測終究只是預測，即使是專家，應該也很難準確猜中企業將來的市值，但即便如此，想像企業的未來規模仍很重要。

你想要投資在將來可能成長 100 倍的企業上嗎？你想要投資在市值翻到 2 倍，卻估算不出是否會再成長的企業嗎？我們要衡量這間公司會成長多少，再擬定投資計畫。

參考與之相似的企業成長速度

擬定計畫時，除了預測市值會成長多少之外，還必須考慮一項要素──成長速度，是指企業要花多少時間，才能成長到自己期待的規模。為什麼需要掌握速度？以下用淺顯易懂的例子說明：

明年市值預計翻到 2 倍的 A 公司，與 3 年後市值預計翻到 2 倍的 B 公司，你想要投資哪一家？若投資 100 萬日圓給 A 公司，1 年後就是 200 萬日圓；投資 100 萬日圓給 B 公司，3 年後就是 200 萬日圓。

　　只看時間和金額，會知道 A 公司比較能高效增加資產，假如投資 A 公司，1 年後，100 萬日圓會變成 200 萬日圓，然後再使用 200 萬日圓，投資在其他 1 年後市值同樣會翻 2 倍的公司，結果，開始投資的 2 年後，你的資產就會增加到 400 萬日圓，同樣的情況再重覆 1 年，3 年後，資產會變成 800 萬日圓。

　　反覆投資 3 次市值 1 年翻 2 倍的公司，你的本金 100 萬日圓，3 年後就會變成 800 萬日圓。

　　反觀要是投資 3 年後，市值翻 2 倍的公司，3 年後能獲得的金額就只有 200 萬日圓。這樣一想，你就明白成長速度有多麼重要了吧？

　　此觀念也和探討市值的情況類似。

　　比如，你會針對喜歡的男團，設想「這支團體有各種魅力，將來必定會像嵐一樣成為國民級團體」，這時就要衡量一下成長速度。

　　除了從過去的資料預估之外，還有一個辦法可以參考──成長過程，嵐歷經了什麼樣的事情，才成為國民級團體？嵐在出道之後，如何提升 CD 銷售額？是在出道第幾年舉辦日本五大巨蛋巡迴演唱？又是在幾年後，在容納約 7 萬人的國立競技場開演唱會？粉絲增加多

少，有沒有進軍亞洲？

嵐風靡一世的時代與現在相比，音樂界的環境已大幅改變，過去的實績或許只能當作參考，即使如此，只要分析類似的偶像團體怎麼成長，再設想你的偶像成長速度，加起油來就輕鬆多了。

投資也一樣，找出有潛力的企業，且能以自己的話說出其魅力後，就要預測成長規模，替那家企業建立成長目標。

投資的關鍵在於，將來的市值和成長速度，前者是要洞察會成長多少，後者則是預測什麼時候可以達成，我們要仔細衡量這兩項要素。

為了實現夢想而投資

預估明星企業將來的市值和成長速度，並擬定投資計畫，是實現自己夢想不可或缺的事。

因為想要出國留學，所以 3 年之後要存到 300 萬日圓；想要辦婚禮，1 年後便要有 100 萬日圓；孩子上大學需要龐大學費，所以想在之後的 5 年內籌措 500 萬日圓。

投資是實現夢想的手段。HANAMIRA 也有人立下

「今年內要靠投資的利潤買下名牌包」的目標，並建立
投資計畫。當然，能否達成，也取決於可運用的本金。
在釐清想讓手邊資金，在什麼時候增加到多少後，就要
開始投資，以便順利達成。

　　這時，要是不知道企業的潛力和成長速度，就無法
做投資計畫。

　　目前為止已經告訴各位，**投資關鍵在於洞見明星企
業，預估將來的市值和成長速度。**

　　下一節起會告訴各位要怎麼蒐集資訊，以便將你發
現的候選股，成為真正喜歡的明星股，以及要怎麼調查
資訊，才能深入了解企業。

這間公司好嗎？
5 個方法徹查標的

接下來要告訴各位 5 個重點，幫助你了解企業。

前面提過，投資關鍵在於推測該企業將來的市值和成長速度，不過預測終究是預測，沒有人能 100% 說中未來，但既然要用寶貴的金錢增加資產，就得做一件事來提升成功機率──徹底調查企業相關資訊。

比如你在追某偶像團體，你覺得 5 年後，他們會變得和全盛期的 BTS 一樣，那是因為你有根據，或許是因為這個偶像團體和 BTS 一樣，有同樣的舞蹈教練指導，又或許和支持 BTS 成長的熱情粉絲「ARMY」一樣（譯註：BTS 的官方粉絲名稱），你喜歡的明星也有狂熱粉絲。

反過來說，要是你追隨的偶像被捲進緋聞中，狂熱粉絲或許會一口氣減少，這樣一來，就很難實現當初推

測的「5 年後與全盛期 BTS 比肩」。

買股的關鍵,也在於釐清你替企業加油的理由,粉絲不會對對方一無所知,就盲目追隨,股票也一樣,要記得尋找理由,再牢牢鞏固初衷。

「凡是偶像的事,我全都要知道!」我們要以同樣的熱情,不斷獲得企業的相關資訊。

網路或雜誌專訪是好管道

粉絲追星時會看明星在社群網站上的貼文、閱讀採訪報導,試圖了解對方的為人、對於工作的熱情及夢想,這會加深對明星的愛。從對方的隻言片語想像今後的活躍度,遙思將來的模樣。

有些人不只會看偶像本人的採訪,也會閱讀與他相關人員的訪談,甚至調查相關人員的經歷或想法。偶像本人或周圍相關人員的實力,將會大幅左右他的將來,因此會一字不漏的將訊息蒐集起來。

買賣個股也一樣,投資人要懷抱熱情調查企業的相關資訊。左右企業活動的是在其中工作的人,所以我們也要搞清楚,最直接的方法,就是去看企業的社長。

有不少上市企業的社長會接受媒體採訪,只要搜尋

名字就會出現報導。社長學過什麼、在哪裡工作過、人品如何、擅長什麼⋯⋯假如企業高層是自行建立公司的創業經營者，照理說也會知道當事人的創業理由。

　　企業高層每天以什麼心態經營公司，想描繪怎樣的願景？相信也有報導會談到今後事業的展望，這也有助於預估企業的將來。

　　有的經營者還會出版書籍，且書籍內容又比報導更深入，能熟知社長及其企業的相關資訊，近年來，也有許多社長會透過社群網站發布資訊，有的則是用影片替自家公司簡報。

藉由社群網站、演講切身感受

　　HANAMIRA 的學員，也會跟隨企業社長的 X（前推特），觀察每天的推文，「最近推文的內容似乎很開心，想必公司經營狀況不錯」，用以預測業績。

　　從社長的動向、發言內容或貼文給人的感覺等方面，可以料想到許多資訊，只要看得見社長的人格特質，應該也能聯想到那家公司的經營願景。

　　此外，可以的話，不妨參加一下社長的演講或活動，就和參加偶像團體的演唱會或握手會一樣。實際見

面後，就會親身感受到社長的人品或公司氣氛等，假如撥不出時間親自參與，也可以向見過面的人打聽一下。

官網中的投資人關係頁面是寶藏

上市企業會在自家公司的官網中，備有投資人關係頁面，匯集投資專用的資訊。投資人關係頁面簡直是資訊的寶山，這裡會塞滿所有消息，像是企業決算報告或相關新聞稿、經營者的話或訪談、事業概要及該公司歷史等，有些企業還會用影片精心介紹事業策略、成長策略或願景，務必精讀這些資訊！

追星是徹底掌握偶像動向，像是「下次會參與這個綜藝節目」、「聽說他決定出演那支廣告」、「新發售的周邊商品有夠可愛」，投資人也要以同樣的熱情追蹤企業。

企業成長後會出現許多新聞，像是開展新事業，或業績比預期高，就如我們每天都會有所變化，企業也時時刻刻在改變，要懷著喜愛之情關注這份變化。

HANAMIRA 的學員中，有人會直呼自己追蹤企業的社長名字，或取暱稱，像是「阿正（社長的名字）今天決算說明會上的表情比平常開朗」、「武史（社長的

名字）上了這星期的《週刊鑽石》，一定要看！」、
「小將將（暱稱）跟世界大廠合作，好厲害！」既然開
始投資，就以這種方式開心實踐吧。

追星要在空檔時間搞定

　　雖說是時刻關注企業的消息，但是也不必花那麼多
時間。

　　想要成功，需要一定程度的時間學習，同時也要逐
漸熟悉資訊，當懂得如何挖掘有魅力的企業，或是實際
找出明星企業後，花在投資上的時間，一天只要 10 分
鐘左右就夠，熟練之後甚至不用 10 分鐘。

　　我們可以趁著通勤、午餐、早早哄完孩子入睡或其
他空檔時間，查看企業的新聞或股價，優良公司會自己
成長，股東不需要再額外做些什麼。

　　即便不知道什麼時候買進也一樣，一天查看一次新
聞或股價就夠，和在空檔時間查看偶像團體資訊一樣，
明星企業也只需要做到追蹤近況就好。

了解明星企業獨特的魅力

　　參與追星活動也一樣，你喜歡的偶像不會隨時位居

CD 排行榜第一名，一定要和別的團體競爭，要了解明星的迷人之處，就要與概念類似的偶像團體比較，清楚掌握偶像的強項或魅力。

比如偶像團體 A 歌唱得好，也擅長跳舞，現場演唱獲得公認好評；偶像團體 B 用英文作詞，在國外音樂界的評價也很高，或許能正式進軍世界；偶像團體 C 的魅力在於成員感情融洽；偶像團體 D 的隊長名氣驚人，粉絲眾多。即使表面上都是偶像團體，深入了解後也看得出各自的優勢與魅力。

企業也一樣。乍看是相同產業的公司，經營方向也大為不同。假如是餐廳之類的服務業或食品製造商，我們便可以輕易感受到企業間的差異，不過，即使是平常不太接觸的業界，或是經營企業間電子商務的公司，強項或魅力也會因企業而異。

舉個稍微專業的例子，同樣是製造醫療用儀器的廠商，有的擅長研究開發，最早導入業界最尖端的技術；有的企業雖然不擅長開發，業務能力卻很強，成功讓日本全國各地的醫院引進儀器，藉此成長。

尋找標的時，從你熟悉的業界或領域挑選，會有利很多。就算我覺得這間企業不錯，但遇到不太熟悉的產

業時，我也會聽聽熟知此業界之人的意見。

　　自己一個人調查總有極限，可以與夥伴通力合作，同時了解企業優於對手的魅力或強項。

親身體驗一下商品或服務

　　打從心裡憧憬的偶像，本人的態度其實很冷淡；原以為是很出色的團體，去了演唱會卻發現跟想像的不同，令人失望。

　　各位在追星時，是否遇過偶像和自己印象中的不一樣？光看網路報導、綜藝節目或專門打造出的形象，也無法順利看到對方的真實模樣。反過來說，也有可能實際看到本人，或參加演唱會後，發現現場舞蹈很精湛，令人神魂顛倒而更喜歡對方；參加活動，發現粉絲服務很完善，讓人越發欣賞；透過社群網站直播，看到成員間的真實互動，發現他們感情融洽，一口氣提升好感度。實際了解和感受明星，會感觸良多。

　　買股票也一樣，企業真的有在提供出色的商品或服務嗎？若想深入了解企業，最好的辦法就是使用那家公司販售的商品或服務，假如無法親身體驗，也不妨聽聽使用者意見。

真實體驗或口碑

HANAMIRA 學員也會運用這個辦法,當企業是化妝品廠商時,就會實際購買其推出的商品,要不就是聽取其他人的使用感想做為參考。

比如我以前想投資 RareJob——提供線上英文會話的公司——於是詢問考慮使用 RareJob 服務的投資夥伴,這間公司的強項和弱項。

只要自己實際體驗後覺得不錯,或是其他使用者有正面評價,就會考慮列入投資標的。

是否提供吸引人的商品或服務,是洞察企業成長非常重要的關鍵。

企業提供眾人喜愛的傑出商品或服務,讓許多人覺得值得而付錢,變成企業的銷售額或利潤,提升業績或企業價值。

單憑電視廣告或網路資訊很有限,實際商品或服務也往往和想像不同。為了達到「企業確實如預期般成長了!」這個結果,各位應盡量多親身體驗那家公司的商品或服務。

預先做好最壞的打算

「文春砲（譯註：指《週刊文春》的爆料威力驚人，往往讓公眾人物身敗名裂，故有此稱）揭發醜聞」、「成員因目標不同而退團」、「隊長身體不適停止活動」，追星有時會遇上這類事件。

再怎麼受歡迎的團體，發生粉絲沒有料想到的事件後，團體人氣也會停止成長。

投資也一樣，企業隨時可能發生偶發事件，投資時，記得盡量設想得具體一點。

近年來，新冠疫情的感染範圍遍及世界，企業的業績也受其影響而成長或惡化，任何企業應該都很難事先預測會出現未知病毒，造成世界混亂。

無論是地震、颱風及其他自然災害，或是烏俄戰爭等事態，都讓人無法預測，那又該如何防範？以下介紹一些讓人有所啟發的觀點。

2022 年因為世界各國通貨膨脹或日圓貶值，日本的進口產品價格高漲，許多企業受此影響而漲價，但也有企業無法將進口成本反映在商品價格上，這樣的企業利潤會大幅減少、業績下滑。

匯率變動有時也是世界性的波動，個人難以預測，

即使如此，你事先應該也會知道，所投資的企業是否會受到匯率變動所影響。比如擴展資生堂或優衣庫的迅銷、擴展無印良品的良品計畫，中國市場占整體銷售額20％以上，雖然可以期待企業會隨著中國的經濟發展一起成長，但反過來說，要是日本和中國發生問題，中國市場的銷售額也會有縮小的風險。實際上，2012年中國就發生過大規模反日示威，大幅影響在中國做生意的日本企業，以及在中國製造商品的日本廠商。

要逐一預測風險是件難事，不過，企業是以什麼樣的商務模式、在什麼樣的市場經營、在哪個地區製造商品，只要事先知道這些資訊，就能做好心理準備。

活在世上，一定會發生意想不到的狀況，企業也好，我們也好，都不完美，必然存在某些風險或弱點。

投資時當然會想選擇風險或劣勢少的企業，但零風險公司並不存在，既然這樣，就要事先調查，設想發生狀況時該怎麼辦，只要做好心理準備，面對出乎意料的事，便能泰然處之。

聲望會表現在數字上

就算你再怎麼熱愛正在追的偶像團體，去了演唱會

後發現空座位很多，即使發售 CD 也沒人買⋯⋯遇到這種狀況，想必會開始懷疑：「這個團體沒問題嗎？」

當聲望上升，影響力增加時，演唱會場地也會隨之變大，YouTube 的觀看次數也會有所成長，聲望會反映在數字上，你覺得有魅力的東西是否真的有魅力，數字會證明。

投資也一樣，公司有成長，一定會反映在某些數字上，所以應該先看銷售額。第 3 章也說明過，銷售額成長，就證明那家企業的商品或服務深受眾人喜愛。若要考慮投資，就要檢視每年的銷售額是否順利成長。假如興起什麼流行，那一年的銷售額有可能偶然攀升，因此至少要再查看過去幾年的數據。

銷售額減掉各種經費後，剩下的就是利潤。利潤的關鍵在於要直線成長，不僅現在利潤成長，將來也會成長的公司容易受到好評。**假如銷售額成長，利潤卻沒有提升，就要審視公司運用金錢的方式**，有些企業在銷售額成長的期間，會為了讓名聲遠播，而花費許多宣傳費；也有些案例是急速成長，但為了讓事業也能跟進，而開始雇用很多員工或擴充辦公室，這種情況之下，利潤就不會和銷售額同步提升，但這類成本是為了讓企業

更為成長的關鍵投資。

　　所以，就算只看眼前的業績，發現利潤提升相對遲緩，但只要投資內容優秀，未來利潤也會一口氣成長；反過來說，假如沒有花費成本在宣傳或人事上，利潤也沒有成長，代表商業模式有缺陷，才導致即使銷售額成長也賺不到利潤。

　　利潤與銷售額相比，更為複雜、難懂一點，卻是測量公司成長的重要指標，我們要多加監看。假如只須知道企業的銷售額或利潤，可以到證券公司的網站查詢，銷售額或利潤的明細則可觀看投資人關係頁面，剛開始

徹查標的 5 重點：

1. 閱讀相關採訪報導。

2. 參與企業社長演講。

3. 查看企業官網的投資關係人頁面。

4. 實際使用商品或服務。

5. 細看銷售額及利潤。

或許會覺得很難懂，但在熟悉之後就可以安心挑選。

小知識

　　臺灣企業之利潤，可於台灣股市資訊網的
基本概況→經營績效中查詢。

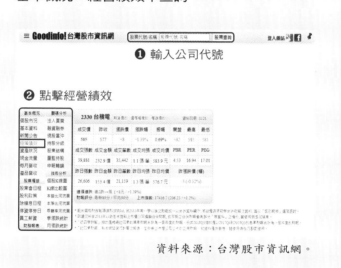

❶ 輸入公司代號

❷ 點擊經營績效

資料來源：台灣股市資訊網。

凡是偶像的事，
我全要知道

　　就算說要找到明星企業，但剛開始時也沒有頭緒。我一開始也很不安，搞不懂哪家公司好，不過，現在倒是清楚知道要怎麼**找出明星企業，那就是認識很多企業**，僅此而已。

　　比如有人問：「你心目中最理想的包包是什麼？」相信你可以馬上講出具體形象。

　　大小、重量、設計、材質、顏色、口袋數、功能、價格……只看照片，大家一定會猶豫不決，而實際去店裡看包包，真正拿在手上比較是否適合後，應該就會知道自己想要哪一款。

　　投資也一樣，找尋理想的企業時，也會經歷與選擇理想包包時相同的過程。

　　A 公司和 B 公司哪個比較有魅力？社長品行如

何？市值多少？業績？事業內容？成長策略？比較各個要素之後，才能清晰掌握理想公司的條件，所以，就算剛開始沒有頭緒，也要多多接觸企業，或是與投資夥伴交換資訊。

逐一判斷公司的好壞，等回過神來，眼力自然培養了起來，任何事情要進步，都少不了累積一定經驗。投資世界也一樣，鑑別企業的眼力，就只能從多觀察企業來培養，雖然剛開始覺得很難，但是也會在過程中逐漸熟悉。

找出好公司的訣竅，就是多認識。

不能只聽信名人推薦

不只是股票，投資的世界中，絕不能把錢投進你自認為不太了解的東西上。

投資不能憑感覺

投資失利的人大都會出現這類言論：「金融機構推薦」、「股價好像會上漲」、「朋友有買」、「網路上有寫」，以沒什麼根據的資訊作為投資基礎，大都會失敗收場。

要是不曉得企業優點，無法掌握優勢或魅力，就絕不能投資，因為這是在賭博。

你確實了解投資標的嗎？能以自己的話傳達其強項嗎？聽來囉嗦，卻是相當關鍵的要點，須反覆確認。假如理由明確，就是投資。

只要認定是他，對方做任何事都必須為他加油……或許有人認為追星就是要這樣，但這是個大誤解。

對沒在追星的人來說或許會覺得意外，但粉絲就算再怎麼喜歡偶像，還是會冷靜洞察其行動的好壞，「前幾天活動上的粉絲服務最好多下點工夫」、「綜藝節目的談話內容，後半段太可惜了」、「雖然有唱功，舞蹈卻不行，最好再多練習」，正是因為熱愛，才會冷靜評估重點，覺得哪邊可以多做會更好。

投資也一樣，絕對不能盲信明星企業，要時時客觀審視，只要在經營事業，便不會樣樣一帆風順。

企業也和人一樣，狀況有好有壞，做了好事，也不會馬上出現結果，有時要是立下的目標太高，就沒辦法順利達成，這時就要問自己：「我覺得有魅力的公司，對其他人來說也如此嗎？」、「這間企業仍然是我第一印象中那美好的模樣嗎？」、「企業高層會將其魅力傳達給投資人嗎？」

剛開始或許會懷疑自己能否客觀審視，不過，只要培養鑑別公司的眼力，就可以冷靜觀察優缺點，以自己的話好好說明強項和弱項。

關鍵是要連弱點都能講出來，假如只能舉出好的一

面，就表示你只看到表面，正因為替企業加油，才會思
考該怎麼做這間公司才會變得更好。

**RISE
金句**

**追星，一定是喜歡才會想當粉絲；找
優秀企業，也絕不能只聽信名人推薦
就買。**

第 5 章

看錯，就勇敢的
一刀兩斷

培養進場的眼力

　　建立投資計畫後，終於可以購買股票了。不過，究竟要在什麼時機買進？

　　本章將說明如何買賣股票，以下會用我們切身的戀愛與購物為例說明，即使是投資新手也能輕鬆了解。

買股時機就在 iPhone 熱潮時

　　大家平常都怎麼購物？有些人會購買流行商品，有些人則只選基本款，這兩種都是很好的選擇，但股市中最重要的是，搶在大流行之前布局。

　　2010 年時，日本開始有很多人買 iPhone。我看到周遭攜帶智慧型手機的朋友，也羨慕的想：「好帥氣，好想要，真棒啊！」比大家早一點購買出色的企業股票，就是投資關鍵。

藉由創新擴散理論，了解買賣時機

要投資，最好必須掌握創新擴散理論（Diffusion of innovations）。創新擴散理論是彙整新商品或服務該怎麼普及的觀念，這原本是行銷理論，但很適合藉此了解買賣股票的時機。

投資世界中，好的進場時機，通常是該商品或服務普及率達到 16% 的時候。以下就以 iPhone 為例說明。

2008 年 7 月 11 日，iPhone 在日本發售，當時經銷商只有 SoftBank Mobile（譯註：SoftBank Mobile 於 2015 年起更名為 SoftBank），不過電信公司 KDDI 也從 2011 年起開始販賣，於是 NTT DOCOMO 的使用者就改用 KDDI 或 SoftBank Mobile，大幅影響手機市場。

現在人人都在使用的 iPhone，當時在日本也有「似乎很難用」和其他負面意見。再怎麼有魅力的商品，在剛推出時，許多人也還難以理解其中價值。

有人會火速購買或試用這樣的新商品，這就是「創新者」（innovators），市場中，這類人占 2.5%。

以 iPhone 的例子來說，2008 年剛登陸日本時，購買 iPhone 的人就是創新者。這些人馬上就能接受新商品，不在乎是否已被大眾接受。之後相繼而來的是「早

期採用者」（early adopters），這類人會自行揀選和購買創新者熱衷的新商品，占市場的 13.5％，2014 年左右購買 iPhone 4 的人，就屬於這個族群。而後開始試用 iPhone 的是「早期大眾」（early majority），雖然對資訊敏銳度高，實際購買時卻很慎重，占市場的 34％。

這裡會成為重要的分歧點。

早期大眾開始行動後，商品就會大爆紅。以 iPhone 來說，日本 KDDI 開始經銷後，便在 2011 年一口氣爆紅。接著買進 iPhone 的則是「晚期大眾」（late majority），他們對自己的判斷力沒有信心，因為大家都有才會採用新商品，這個族群的人，會在了解產品好壞到某種程度後才購買，占市場的 34％（見下頁圖表 5-1）。

一旦普及到晚期大眾，熱潮就會逐漸平息。

培養察覺流行的能力

如前述，好時機是在商品擴散到創新者和早期採用者的階段。如果股價上漲，就表示市場需求較強，假如在早期採用者的階段投資，當商品擴散到早期大眾開始大爆紅時，就可以搭上股價上升的順風車。

圖表 5-1　創新擴散理論，找到最好的進場點

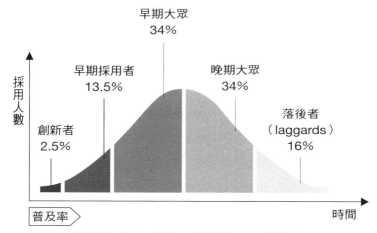

想要投資成功，就要在早期採用者時期進場。

　　當時序進入早期大眾的後期或晚期大眾，因為已有
許多人認識這個投資對象，使得股價難以再順利上漲，
要是持股者眾多，就很難在自己想賣的價格脫手。

　　在早期採用者的階段，不容易判斷公司好壞，需要
自行思考和決斷，不過，要是在這個階段投資自己認為
日後會再成長的公司，就可以大幅增加資產。我們在投
資時要思考，這間公司現在屬於哪個階段。

　　日常生活中也能培養洞察熱潮的能力，比如掀起一

大熱潮的《鬼滅之刃》。

　　我剛開始知道鬼滅熱潮，是在眾人對動畫版《鬼滅之刃》如痴如狂的時候，當時我就在想，這個階段就屬於早期大眾吧？

　　接著我實際感受到熱潮擴散，是看到平常不看漫畫的家人，不知為何買了《鬼滅之刃》漫畫第一集，於是我猜測這個潮流，差不多來到晚期大眾了。

　　當發現暢銷的苗頭，或看到某些熱潮時，就要思考現在這波潮流屬於哪個階段，反覆練習後，這股能力就會幫助你洞察投資時機。

　　假如處於早期採用者階段，表示還有機會，若是處於晚期大眾階段，不要投資才是上策，判斷買進賣出時，務必回想創新擴散理論。

生活處處是商機

　　當企業業績有所提升時，會不會好奇這個企業發生了什麼事？

　　業績成長，表示購買該企業商品或服務的人增加，銷售量大幅攀升，企業獲得好評，股價也會上漲，這時便是進場機會。

　　要怎麼在日常生活中發現企業的銷售額正在成長？接下來將以實際案例向各位說明。

周圍的人開始使用就是機會

　　第 3 章曾經介紹過的 Premier Antiaging 的 DUO 卸妝膏（第 94 頁），以前我曾就這項商品，向 HANAMIRA 的 30 名學員做過問卷調查，當時就有 3 個人正要開始使用。

有 3 個人不只是感興趣，還願意付錢，同時也有將近半數的人這時才知道此商品。知道的人和不知道的人數落差甚大，可以判斷日後銷量可能會成長。

　　後來的實際銷售狀況也反映在業績上，結算報告導致 Premier Antiaging 的股價上漲，翻了大約 3 倍。**周圍的人開始使用商品，就是進場點。**

　　思數網路推出的遊戲《賽馬娘 Pretty Derby》也是如此。

　　我之所以會知道這款遊戲受眾之廣，是因為 HANAMIRA 的學員告訴我，「我家人正在玩這款遊戲」。遊戲發行約兩個星期後，還有另外兩個人跟我說，「老公和孩子正在玩」。

　　遊戲下載數成長，手機 App 排行榜也名列前茅，導致思數網路股價上漲。

　　詢問 20 個人後不到兩個月，思數網路的股價就翻到約 1.4 倍。當商品開始擴散到周遭的人，企業業績就會成長、獲得好評，市值也會增加。

找出發售即缺貨的商品

　　還有別的方法可以從周遭人的行動中，得知股價會

上升的股票——審視生活中有沒有發售後馬上缺貨的商品，或是經常大排長龍的店家等。

比如 2020 年 3 月，日本的新冠疫情日益嚴重時，街上就經常看見 Uber Eats、出前館（按：日本最大外送平臺）及其他外送員的身影。

「既然大家想要，就一定會使用這項服務。」我調查出前館的股價，發現價格逐漸上升，發表結算報告後銷售額也穩定成長。

另外，新冠疫情爆發之後，大眾開始避免與他人密切接觸，想要享受自然，進而引發露營熱潮，以往對戶外沒興趣的人也開始露營，使得帳篷等商品一下暢銷起來，連帶帶起雪諾必克（Snow Peak）等戶外運動品牌的股價。

當商品或服務開始出現聲望，或使用人數開始增加時，就是投資的機會。各位務必觀察日常生活中發生的小事。

太過看好，造成股價提前上升

雖然有的案例是股價因為決算報告上宣布業績良好而上升，但也有相反案例。

有的情況是眾人擅自期待「這麼暢銷，業績一定很好」，使得股價提前上升，這樣一來，就算那家企業的業績真的很好，但因眾人期待已經讓股價提前上升，反而導致之後下滑。

　　比如新冠疫情初期，日本生產口罩的川本產業，股價就是因為眾人期待而上升。2020 年後，中國傳出新冠疫情的新聞，包含川本產業在內的口罩相關業者的股價開始上漲，尤其同年 1 月 23 日，出現中國封鎖武漢的新聞後，日本國內也開始囤積口罩，於是川本產業的股價整個飆漲。

　　從 2020 年 1 月 6 日起，到 2020 年 1 月 31 日止，短短 25 天，口罩行情就達到最高點，川本產業的股價當時也飆漲了約 8 倍。2020 年的 2 月以後，口罩真的缺貨難買，但是看看收盤價，最高點竟然是在 1 月底。

　　這裡要注意一件事，現實是僅僅 1 個月，企業市值就上升約 8 倍，想必是連幾年後的口罩需求都納入市值中了。實際上，後來川本產業的股價驟跌，爾後也不斷起伏，但都沒有超過 1 月底的高點就下滑了。

　　雖然這是一個極端例子，但是在股市中，股價往往會因為期待半年至幾年後的利多決算，導致價格上升。

各位要隨時檢測「現在企業的市值包含了眾人合理的期待嗎？」

大眾開始使用商品或服務時，便是最佳買進點。

找熟悉那個領域的人問

　　有人在閱讀完前面的內容後，會開始擔心，「我多半是晚期大眾派」、「不太懂流行……」、「沒自信可以觀察到那麼細」、「沒關注過什麼新商品」，我非常明白各位的心情，我也並不是一開始就有能力察覺投資相關資訊。

　　不過，只要反覆練習，誰都可以洞察最佳時機，比如我的投資夥伴，任職於外商 IT 顧問公司，他因工作關係，所以能立刻抓住 IT 業界的趨勢，活用這份資訊投資。

　　從關注相關股票，到股價實際開始上漲，多半也是在朋友判斷「流行來了」的 2 至 3 年後，這也難怪，畢竟那位朋友會先接觸到時代最尖端的資訊，速度遠比一般人還來得快。

察覺到自己對資訊有高敏感度時，就可以刻意延遲投資時機，同樣的，要是覺得「好像太早搭上流行」，就要審視一下周遭情況。

不懂流行沒關係，去找會成為標竿的人

如果認為自己不懂流行，屬於晚期大眾或是更過時的落後者，我建議各位不妨認識一些早期採用者或早期大眾者。

我們要尋找會成為標竿──凡購買之物必成熱潮的人，只要參考那個人的意見，便也能慢慢打磨自己的敏銳度。再怎麼優秀的人，也不可能對所有領域擁有高敏感度，所以才要和夥伴通力合作、共享資源。

HANAMIRA 學員從二十幾歲到六十幾歲都有，從不同世代獲得的資訊多元，我沒辦法得知的事，有其他學員可以告訴我。

一個人投資，再怎麼努力，資訊都會有所偏頗，所以才要結交投資夥伴，互相交流。

想投資不同領域，可以結交熟悉相關
領域的夥伴。

初學者也能看懂 K 線圖

相信許多人聽到 K 線圖，就覺得頭痛，其實我剛開始投資時也覺得很難懂。K 線圖是將一天、一星期、一個月或一段期間的股價變遷，以圖表方式呈現。

光看股價不知道現在是便宜還是昂貴，也無法判斷在漲還是在跌，長期來看，市值就是該公司實際賺到的利潤，不過實際上，有些公司的股價漲得比將來賺到的利潤還多，有些企業則是看似有魅力，股價卻沒能順利上漲。為什麼？因為情緒會左右人買賣股票。

K 線圖在顯示股價變遷的同時，也會顯示眾人買賣股票的情緒，學會看懂，將會是一個助力。

接下來要告訴各位，初學者應透過 K 線圖查看的重點。

K 線圖的基本概念

首先要告訴各位 K 線圖的基本知識。

組成 K 線圖的要素大致可分為兩種——K 棒和成交量。

1 根 K 棒代表某段期間的價格波動幅度,假如開盤價小於收盤價,就稱為陽線;開盤價大於收盤價,則稱為陰線。

從 K 棒延伸出來的線稱為影線,從 K 棒的形狀可以知道股價怎麼波動。上影線的最高點代表最高價,下影線的最低點代表最低價,其中也有不含影線的 K 棒,也稱實體 K 棒(按:代表日 K 棒的最高價、最低價即為開盤價與收盤價)。

學會 K 線圖,有助於投資。

圖表 5-2 陽線、陰線及上下影線

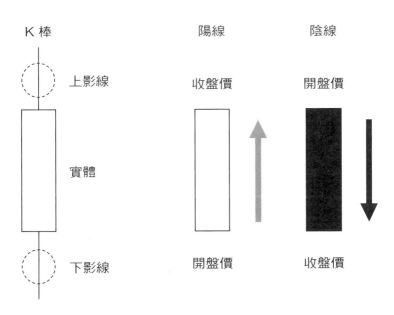

開盤價是當天第一筆成立的交易價格，
收盤價是當天最後一筆成立的交易價格。

　　K 線圖通常會顯示 K 棒和成交量的變遷，成交量是表示該股票交易量的指標，越多人交易，成交量越多。成交量大，表示這支股票基於某種原因而受到大眾矚目；反過來說，要是成交量少，表示目前沒人關注。

圖表 5-3　越多人交易，成交量越大

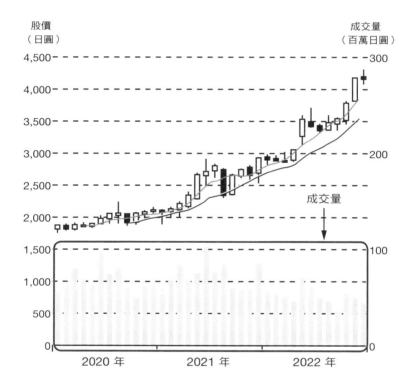

解讀和分析 K 線圖的方法就稱為技術分析。

人會影響股價的變遷和股票的交易量，**K 線圖不是無機質的數字羅列，而是投資人的情緒**，這麼一想，是

不是覺得有點親切了？

　　技術分析需要知道各類指標，但在投資成長的企業時，即使使用技術分析，也只須知道簡單指標即可，假如能洞察你心目中的企業，即便只掌握了簡單指標，也可以藉此獲得利潤。

　　　基本面分析：依據經濟情勢或是企業業績變化來判斷。

　　　技術面分析：分析線圖上的股價變動。

　　　開盤價：當天第一筆成立的交易價格。

　　　收盤價：當天最後一筆成立的交易價格。

　　　最高價：當天最高的交易價格。

　　　最低價：當天最低的交易價格。

　　　成交量：當天買賣成交的數量。

　　　上影線：從實體 K 棒向上延伸的細線。

　　　下影線：從實體 K 棒向下延伸的細線。

RISE
金句

K 線圖除了顯示股價變遷，還能看出投資人的情緒。

趁股價還在上漲時買進

看 K 線圖必須看股價大致的流向。

股價會不斷起伏，並在某個期間內，朝一定的走向波動，股市會將股價在某段期間內持續的走向稱為趨勢，又分成上升趨勢、盤整及下降趨勢這 3 種。**投資時的關鍵在於不要違逆趨勢。**

洞察上升趨勢

觀察大致走向，即使在股價上升期間，也有比較容易賺到利潤的進場時機，我們**不妨鎖定剛進入上升趨勢或持續上升時買進。**

各位或許會害怕購買股價正在上升的股票，但就如當紅偶像團體自然會吸引人一樣，股價上升的股票也會吸引投資人買進，「因為大家想要，股價才會上漲，因

圖表 5-4　上升趨勢與下降趨勢的股價波動

上升趨勢

不管買在哪裡，
股價都容易上漲。

下降趨勢

不管買在哪裡，
股價都難以上漲。

為股價上漲，大家才想要。」於是就進入上漲的循環
中。反過來說，股價下滑的股票沒人想要，投資人會不
斷拋售，股價只會往下跌。

　　另一方面，股票呈現下降趨勢時絕對不能買，「這
支股票我可以跟它交往一輩子」、「像時光膠囊一樣放
在那就好了」，要是你有這樣的覺悟則另當別論，不過
大多數人買進股價下跌的股票，因為資產減少，之後就

受不了而不再投資。

下降趨勢的股價未來極可能不斷往下掉，初學者千萬不要碰。

買在長期盤整也沒關係，不過各位要明白，既然不曉得股價什麼時候會上升，等待期間就會拉長，所以等到趨勢開始上升後再買也不遲。

初學者先別碰下降趨勢的股票，可以先買進開始上升或持續上升的股票。

活用移動平均線

觀察趨勢時要活用移動平均線，它會以淺顯易懂的方式，顯示股價變動，這項指標是將一定期間的收盤價均值連在一起，並以折線圖表示。

日線是以一天為單位來表示市場波動，週線是以一

小知識

　　盤整：股價長期維持在相同的價格區間裡，無明顯漲跌趨勢。

圖表 5-5　利用移動平均線了解趨勢

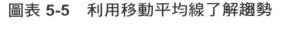

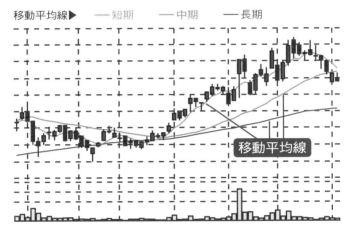

週為單位，月線則是以一個月為單位。

　　看看日線圖，通常短期移動平均線會將 5 天的股價平均後，再畫成圖表。中期移動平均線是 25 天，長期移動平均線則是 75 天（按：在臺灣股市中，日線圖中比較常使用的短期均線有 5 日均線、10 日均線〔半月線〕、20 日均線〔月線〕；長期均線則有 60 日均線〔季線〕、120 日均線〔半年線〕，以及 240 日均線〔年線〕）。

　　只要看到移動平均線，即可大致了解趨勢，像是股

圖表 5-6　上升趨勢和下降趨勢這樣看

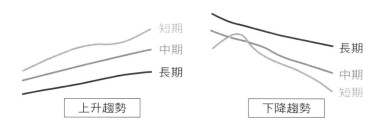

價的變動或方向等。

假如移動平均線直線上升，就是上升趨勢；假如直線下滑，就是下降趨勢，走向則要觀察並核對多根移動平均線。

看看日線圖，當短期、中期及長期全都直線上升時，便可判斷為上升趨勢。即使**短期線朝下，若中期線和長期線朝上，仍是上升趨勢**。

反觀短期、中期及長期統統下滑，則可斷定為下滑趨勢，即使**短期線朝上，若中期線和長期線朝下，則是下降趨勢**。

再怎麼喜歡的企業，在下降趨勢時也要堅決不碰，等進入上升趨勢後再買進。

自行分辨趨勢轉換點

　　股價不會一直維持上升趨勢或下降趨勢，中途很常變化，只要活用移動平均線和 K 棒，便可找出趨勢轉換點。

　　假如在上升趨勢中，K 棒低於中期移動平均線，就

　　　　移動平均線：將一定期間的收盤價均值，連在一起形成的線，簡稱均線。

　　　　5 日均線計算方式（以台積電〔2330〕2023 年 9 月 11 日至 9 月 15 日收盤價為例）：

日期	9 月 11 日	9 月 12 日	9 月 13 日	9 月 14 日	9 月 15 日
收盤價	536	544	541	550	558

資料來源：台灣股市資訊網。

　　　　把 5 天的收盤價加起來除以 5：

　　　　（536＋544＋541＋550＋558）÷5＝545.8，代表 2023 年 9 月 15 日的 5 日均線是545.8。

要警戒，要是 K 棒再次往上突破中期線，可能就會維持上升趨勢，若沒有回漲，而是下降到長期線下方，代表上升趨勢差不多要結束（見圖表 5-7）。

反過來說，即使在下降趨勢，如果 K 棒出現在中期線上方，表示下降趨勢將要結束，假如 **K 棒超過長期線，且能維持在中期線和長期線上方，便可進入上升趨勢**（見下頁圖表 5-8）。

令人苦惱的是，就算波動讓人以為趨勢要改變，實際上也可能不會變，因此，K 線圖分析也只能算是一種指標。

圖表 5-7　從上升趨勢變成下降趨勢時

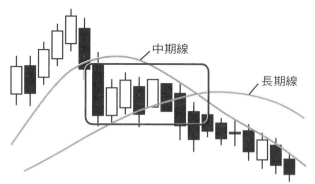

K 棒若出現在中期線或長期線下方就要小心。

圖表 5-8　從下降趨勢轉為上升趨勢時

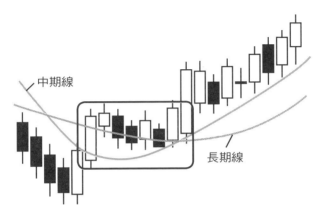

K 棒若出現在中期線或長期線上方，準備進入上升趨勢。

就像蔬菜的行情一樣，要感受股票的行情

　　即便知道股票進入上升趨勢，但第一次買股票也還是會很害怕，甚至根本連想要買進的股價高不高都不知道，這時，你要先追蹤單一企業的股價變動。

　　「今天的馬鈴薯很便宜」、「最近白菜在漲價」、只要每天去超市，就會像這樣懂得蔬菜的行情。股票也一樣，會擔心是因為你沒有相應的投資知識，熟練之後，便能大概分辨股價的行情，就跟到超市看到馬鈴薯或蘿蔔的價格，就知道昂貴還是便宜一樣。

　　要懂得行情，就要持續追蹤股價 3 個月至半年左右，要是追蹤好幾家，可能會覺得混亂，建議從關注真正中意的一間公司開始。

RISE
金句

想要了解行情，要持續追蹤股價 3 個月至半年左右。

賺或賠，都要懂放手

買賣股票最難的是找到賣出時機。

投資就是一段會結束的戀情，即使是世界第一的企業，有一天也會隨著社會變化而停止成長，或是成長幅度變緩。

可能對你來說，某個偶像團體永遠都是最強的明星，但以社會眼光來看，只是在一時製造的聲望高峰。股票也一樣，假如把增加資產放在第一位，關鍵便在於何時抽身，以下會告訴各位如何決定賣出時機。

達成目標後，就要開心放手

假如明星股如你預期，成長到目標股價，第一件事就是決定賣出時機。

成長到目標股價後，若股票還有成長空間就另當別

論，要是判定不會再成長，就要在達到目標的階段中賣出明星股。

初學者容易犯這類錯誤：持有的股票達到目標股價後，會期待再多漲一點，進而遲遲無法放手，等到股價慢慢下跌後，才後悔「那時要是賣掉就好了」。有時股價會在之後的空檔再次進入上升趨勢，即使如此，也往往不會回到目標股價，只會慢慢下跌。**達到目標之後，就要果斷出場**，初學者尤其要貫徹這項原則。

要是沒了追星理由，就要轉念放手

買進明星股，是因為這間企業有吸引你的地方，不過，要是沒了追星理由，便是賣出股票的時機。

先前認為「這家企業的社長很出色」而買進，但在社長卸任之後，你還會持續抱緊股票嗎？以追星為例，這就和你喜歡的偶像團體成員退團一樣。除此之外，像是「看了決算報告後，以為股價會漲卻沒有」，或是「原本期待新發售的商品，卻不如預期」，當你對這間企業漸漸失望，也就失去繼續持有股票的理由。明明沒有理由卻還續抱，這樣的投資太不可靠，你要果斷撤退，不要猶豫。

進入下降趨勢，要果斷放手

假如發現別間企業比現在的更有魅力，就一定要往新的明星股靠攏。

新舊股也需要比較和研究。你剛開始選定的明星股，不必太執著不放，蒐集資訊的過程中會培養自己的眼光，往往會發現更有魅力的明星股，畢竟剛開始投資時，看待企業的眼光也往往過於青澀。

這不是要各位感情用事改弦易轍，而是要冷靜分析，假如覺得新的股票更容易成長，就順從你的感覺，投資會比較順利。

當明星股處於上升趨勢期就沒問題，但若 K 線圖上的移動平均線朝下移動，K 棒在移動平均線下，感覺快要進入下降趨勢的話，就要警戒了。

假如知道趨勢不再上升，再怎麼明星的股票也要放手，一旦進入下降趨勢一次，之後股價多半會長時間慢慢往下跌。假如下定決心，要以長遠的眼光守護企業成長就另當別論，若沒有特別要長期投資，在進入下降趨勢後就要馬上分手。

戀愛的關鍵也在於何時抽身，要做個能好好思考及判斷的人。

和股票分手的勇氣

　　要變得幸福，有時就需要一刀兩斷的能力。

　　妳和憧憬的男性交往，兩人一起共度許多時光後，開始覺得哪裡不對勁，「總覺得跟想像的不同」、「性格完全合不來」，即使如此，妳還要繼續交往下去嗎？還是要果斷分手？

　　人有時會覺得，「他也沒特別踩到我的雷點，就睜隻眼閉隻眼吧」，有時則會想，「這是我最後的底線，趁著傷害尚淺的時候趕快分手」，雖然在交往當中，人會有所改變，但戀愛和結婚都是為了讓自己更幸福，所以需要擁有自己的標準。

　　雖然想在一年內結婚，才開始跟想要成婚的男性交往，但在了解彼此後，發現對方其實不太想走入婚姻。妳會怎麼做？

妳或許會無法選擇分手，進而拖拖拉拉持續交往下去，雖然這會成為人生經驗，但是，自己明明是以「一年之內一定要結婚」的條件相親，卻跟沒有結婚意願的對象在一起，這樣是不會有結果的。

　　有時也需要珍愛自己，毅然選擇分手，就算拖拖拉拉交往下去，也只是浪費時間。

有時要有停損的勇氣

　　投資也一樣。

　　在買進個股前，以為「既然這家公司推出這麼吸引人的新商品，應該會成長吧」，卻常常發生意想不到的事情，像是「自己找資料時判斷錯誤」，或是「原以為能賣的新商品卻賣不動」。

　　感情用事而買在高點的時候，也該檢討是否要馬上停損。

　　當明星股進入下降趨勢，要注意，盡可能不要再持續抱著那支股票，股價開始下跌後，就不曉得會跌到什麼地步，要是真的覺得這支股票已經不行了，就要盡快止損。

停損線這樣訂

有的人會將無法停損，推說是股票擅自下跌。但其實是因為自己沒有決定停損點，資產才會減少。

雖然可以預估股價的起伏，但會不會真的在意料之中，不是我們可以控制的，既然股價不能控制，就要自己決定好停損時機。

停損是指在承受損失的狀態下，賣出持有的股票，比如，買進股價 1,000 日圓的股票，結果股價下跌，變成 900 日圓，若在這時賣掉，便會損失 100 日圓。決定是否要停損很困難，所以要在投資前先制定規則。

股價跌到○％以下就停損、虧損到○○萬日圓就出場，事先決定什麼時候停損再買進，也是投資關鍵。

那麼，該怎麼制定停損線？

我們可以先想一想，「我能接受虧損多少錢？」然後再把這個金額降低，並設為停損線。

假設你投資 10 萬日圓，覺得虧損 5 萬日圓（投資資金的一半）沒關係，不過，要是投資資金減半為 5 萬日圓，要賺回 10 萬日圓，勢必要投資會翻 2 倍的股票，但謀求高報酬率的投資方法通常很花時間。

假如可以接受虧損 5 萬日圓，當本金增加到 30 萬

日圓左右時，不妨將停損線設在 30 萬日圓的 10% 至 15%，也就是 3 萬至 4 萬 5,000 日圓左右。

「跌到多少錢要出場？」事先決定好止損點再投資，即使在你的明星股出現意料之外的價格變化，也能冷靜應對。最重要的是，**做好損失的心理準備再下定決心投資**。

說到停損，給人的印象有點負面對吧？

不過，比起持續抱著慢慢下跌的股票而不知所措，還不如在超過一定的界線後果斷賣出，這樣的投資方式才更為持久。

HANAMIRA 的學員中，也有很多人剛開始不擅長停損，不過，看到 HANAMIRA 的資深學員很會停損、了解止血也很重要之後，就慢慢懂得巧妙停損，**懂得妥善止血出場，整體投資績效也會提升**。

RISE
金句

懂得停損，才是累積資產最有效率的方法。

 小知識

停損：當價格跌到停損點時就賣出。

第 **6** 章

談戀愛，
心態最重要

不管賺賠，
都是自己的選擇

　　成功投資股票的大前提在於學習投資方法、掌握技巧。不過，我也同時感受到，投資到最後是否順利，最重要的並不是買進什麼股，或是多會分析 K 線圖，而是心態。

　　即使掌握投資的相關知識或技巧，但若沒有自己的標準，執行上也不會太順利。

　　投資和談戀愛很像，都需要靠心態才能順利維持下去。我跟老公感情融洽，HANAMIRA 的學員也說我跟老公在一起時最可愛。而我本身會深入思考伴侶關係，實際上跟丈夫相處也一帆風順，還曾在專為女性打造的相親補習班擔任講師。從這份經驗中，我更堅信投資順利，談戀愛也遊刃有餘的人具有共同點。

　　觀察 HANAMIRA 中有在投資的女性朋友會發現，

與伴侶或丈夫關係良好的人，多半在投資上也很順利，所以這一章要以戀愛為例，告訴各位順利投資的心態。

拋開卸責思維

「跟伴侶聯絡次數變少了，真傷心」、「開始交往後，對方總是對我很冷淡」、「我這麼努力，他卻一點都不感謝我」，戀愛時，妳會怪對方害自己受傷嗎？

為了讓戀情順利，為了靠投資賺到利潤，從今天起，開始跟「都怪對方才○○」的卸責思維說再見，推卸責任的想法會阻礙戀情和投資，這種思考方式的原理是，「選擇權歸對方所有，自己只需順從」，這樣一來，就會發生許多不順心的事。

例如，妳想在約會時討對方開心，所以努力早起，捲好頭髮，指甲也弄得很漂亮，對方卻沒稱讚自己好可愛，於是妳想「我明明這麼努力，為什麼不誇我」、「搞不好對方不愛我」，這就是卸責思維。

「隔了好久才能見到你，所以今天花很多時間打扮！」、「要是你能察覺我的裝扮，我會很開心！」像這樣能說出自己的渴望，進而影響對方的人，就是為自己負責任的人。

　　對方和自己不同，也不可能照自己的想法行動，我們無法控制自己以外的事情，所以才要思考自己能做什麼再行動。

　　舉嚴重一點的例子，婚後累積一肚子不滿，覺得為什麼要跟這種人結婚，但是選擇對方的是妳，別無他人，即使是父母決定的對象，但選擇跟父母決定的對象結婚的還是妳。既然是自己選的，要建立怎樣的夫妻關係，或是選擇離婚，也是由妳決定。

　　「人生發生的事情全部都由自己決定」，有沒有這樣的自覺，將會影響戀愛和投資是否順利。

不要等待，
要主動出擊。

反思行動，逐步改善

我正式開始投資時，曾經上過一間學校，那裡教會了我一件重要的事情——投資責任自負。

當時我很驚訝，明明是來學賺錢的，卻要自己承擔責任，實在沒道理，但現在回想起來，我以前的心態也相當卸責。自從我決定承擔生活中所有責任後，投資就開始順利起來了。

「責任自負」，這話聽起來或許很冷酷。不過，這代表你可以自行選擇、決定承擔什麼，憑自己就能幸福，是最為自由的生活方式。

「選擇這支股票的是自己，猶豫不決、遲遲不停損的也是自己。」自從我懂得承受自己選擇的結果，才靠股票賺取利潤。

就算對自己無法控制的市場心懷被害者思想，也不會幫助自己賺錢，我們能改變的只有自己，所以才要記得反思行動，再逐步改善。

在 HANAMIRA 學習投資的學員們說，自從學會調整心態後，不只是股票，連人生都變得一帆風順。只要察覺到「選擇這個人的是自己」，就會溫柔對待對方，夫妻關係便會逐漸改善，即使在分手邊緣，最後也會步

入婚姻。

　　人生中發生的事情不全是自己的錯，也不一定是對方的錯，即使是不幸的變故，應該也有自己能做的事。

　　無論挑工作或伴侶，選擇現在這個狀態的是你，只要這樣想，人生就會改變，選擇股票也一樣，賺到利潤也好、出現損失也罷，都是自己的決定。

　　結果會因為自己而改變，只要能這麼想，既可以開心投資，生活也能有所成就。

賺錢、賠錢，都是自己的選擇。

和股市交往，
要勇氣也要冷靜

戀愛和投資都不能感情用事。

各位在談戀愛時也會這樣嗎？情緒上來會說出很過分的話，跟男、女朋友大吵一架，即使後悔「說得太過分」、「要是沒有大動肝火就好了」也是無用，從你口中說出的言詞，無法再收回去。

各位有類似經驗嗎？妳交往的對象在人人嚮往的公司上班，而且還是大帥哥，但實際拉近距離後，妳發現不管怎樣都跟對方合不來，於是後悔，當初不該打腫臉充胖子，跟朋友羨慕的人交往，應該和能做自己的人談戀愛才對。或是，伴侶因為工作忙碌而減少聯絡，妳不是擔心「他是不是劈腿」，就是傳好幾通訊息給工作中的他。細細詢問後才發現是自己誤會了，然後反省「當初要是冷靜談談就好了」。

談戀愛會因為恐懼、執著、虛榮心或突發變故而輸給負面情緒，以至分手，而投資也一樣，一旦陷入偶發狀況，就會不自覺陷入負面思考。

覺察自己的投資心態

股價遇到一點小新聞就下跌，讓人不安而賣掉明星股。雖然是嚇得賣出，但仔細想想，又不是什麼大不了的新聞，於是後悔當初不該賣。

知道明星股進入下降趨勢卻棄之可惜、無法停損，明明盡快賣出，就可以趁著傷害尚淺解決問題，卻讓損失持續擴大。又或者是投資夥伴介紹明牌，覺得不錯而興起貪念，沒有仔細調查就跟著買進，虧得一敗塗地後才後悔，要是當初稍微冷靜研究再買就好了。

戀愛的後悔情緒和投資的很像，兩者都會充分顯示那個人的性格、執著、欲望，而在遇到意外狀況時，也會顯露其他負面情緒。投資順利、能賺到錢的人，便是能察覺到自己內心習性，與負面情緒妥善相處的人。

想了解內心的習性，我建議各位回顧過往行為，仔細觀察，比如交往時，說話總是過於情緒化，常常和伴侶大吵一架。假如不想與戀人起爭執，就可以推敲

對策，像是在變得情緒化之前，要冷靜聽一下對方怎麼說，或是先深呼吸再發言。先了解自己，再逐步改善。

假如是剛開始投資股票，就需要勇氣，但最好調查完後再實際操作。

尤其是買賣股票時，最會顯露出自己的性格，所以我們要了解自己，比如，自己總是想得很樂觀，一不小心就會馬上購買中意的股票，所以要仔細調查後再買。對自己的行為有所自覺後，就可以尋求對策。

先要了解自己，巧妙尋求對策，同時克制自己，再與投資交往。

先了解自己的投資心態，再和股市交往。

操作自己能力所及的金額

　　妳想要跟什麼樣的人結婚？「我希望對方是個帥哥，年收入 1,000 萬日圓以上。既溫柔，又會分擔家事⋯⋯不過，這樣的人好像非常吃香，他會跟我交往嗎？以我的條件來說，會不會太不切實際？」

　　我不知道對方會以什麼樣的標準選擇伴侶，不過，你可以讓自己變成理想情人，只要擴展你為人處事的器量就行。

　　人只會被配得上自己的人吸引，妳想要跟出色的人結婚，便需要變成優秀的女性，認可自己的美好之處，擁有自信、自主行動，培養與對方相襯的教養⋯⋯只要妳能磨練自己成為出色的人，自然會跟與妳相襯的對象交往。

　　投資也一樣，人只有遇到自己能掌握的金額，才懂

得適當處理。

別操作自己不熟悉的金額

剛開始投資的人經常找我商量這類問題，「雖然發現明星股，但買一股至少要 50 萬日圓。雖然手邊剛好夠，不過全部砸進去還是有點害怕。假如是 10 萬日圓的話，就可以輕鬆投入。」

遇到這種情況，我建議可以先尋找 10 萬日圓左右的股票，因為你之前沒有操作過這麼大筆金額，所以會害怕，如此便無法做出冷靜判斷。

以戀愛為例，就是「雖然跟相當出色的男性交往，但他實在太亮眼，反而沒辦法展現真實的自己，總覺得很拘束」，明明對方什麼也沒做，自己卻沒有自信、感到不安，跟自己眼中不平凡的對象交往，就會覺得彆扭。

假如投資 50 萬日圓會怕，10 萬日圓雖然會緊張但

戀愛和投資都是在擴展自己的器量。

還能沉著操作，那便是你現在可以自在操作的金額。**以自己能安心處理的金額範圍投資**，過程中就會逐漸習慣價格變化。持股的價格漲 10% 就是賺 1 萬日圓，跌 10% 就是賠 1 萬日圓。

慢慢習慣操作 10 萬日圓後會建立信心，開始覺得「下次可以投資 30 萬日圓」，以 30 萬日圓買進的股票若跌 10%，虧損是 3 萬日圓。

失去 3 萬日圓確實慘重，但若沒停損可能虧更大，或許有些人就可以想開，當作是繳學費。

熟悉投資之後會慢慢建立信心，逐漸增加操作金額，也證明你能自在處理金額的能力提升了。

戀愛和投資，訣竅在於量力而為

我剛開始投資股票時，也曾經拿出幾百萬日圓，氣勢洶洶的投入股市，那是當初我當上班族時的大半存款，那次投資以虧損告終，金額對當時的我來說打擊很大，不過，還有更糟糕的回憶留在我的記憶中──投資期間，心裡一直靜不下來。

每天股價的起伏讓人忽喜忽憂，當股價跌到比買進價還低，承擔帳面損失時，心裡就揪了起來，連股價漲

到比購買時還高，出現帳面收益時，也總覺得心裡有疙瘩，平靜不下來。

有人會說，出現帳面收益應該要開心。但在自己不習慣操作的金額面前，就會無法冷靜判斷。

現在可以操作更大的金額，相對出現的利潤和損失也比當時還大，但因為已經熟練、也可以控制自己的行為，所以就算出現損失，也能將失敗當成經驗，日後再加以活用。

處理不符自身能力的資金會讓人提心吊膽，這時我就會回想起當初的痛苦經驗，轉念堅持只用符合能力的金額投資。我一直覺得，當時的經驗是投資當中最有意義的失敗。

就像合不來的對象讓人活受罪，投資操作不符能力的資金也會很吃力，要在保持自我的同時投資，就要先從能冷靜處理的金額做起。

剛開始投資，從 10 萬日圓左右開始操作就好。

初入股市，還不曉得自己對金錢的掌控力，所以從小額做起就好，要是之後覺得還穩得住，我建議再增添資金。我們要在熟悉投資的同時增加處理的金額，培養自己的金錢器量。

RISE 金句

初入股市，先從小額開始，操作太大資金反而會慌張。

下一個機會（男人）
一定會更好

　　「我跟他分手了，也覺得不會再遇到那麼出色的人了」、「我無法忘記前男友，很難去談下一段感情」，戀情告終後，大家會想「我不會再談什麼戀愛了！」對吧。若沒有好好分手或是留戀對方，即使在戀情結束後，也可能會遲遲無法忘懷，沒辦法談下一段感情。

　　我跟第一個認真交往的人分手後，也很長一段時間無法忘懷，不過，現在卻非常幸福。如果妳覺得「我不會再戀愛了」，請回想這句名言：「妳覺得地球上有多少男人？35 億。」這是風靡一世的搞笑藝人 Blouson Chiemi 女士的哏，也是帶給女性希望的名言。

　　「地球上有 35 億男人，我一定能遇到理想的對象！一定會有人愛我！」只要像這樣相信自己、向前邁進，就可以再談幸福的戀愛。

股票市場也一樣，「之前虧大了，不敢再投資，不然又賠了該怎麼辦？」、「雖然是明星股，股價卻漲得太多，買不起，感覺一直無法忘懷這家公司。」剛開始或許會體驗到這樣的心情。

不過放心，日本光是上市企業也有 3,800 間以上，加上國外會更多。

只要想到能在任意時間、任意跟 3,800 家以上的公司交往，股票投資就會變得有趣一點吧？

即使錯過一、兩次時機，沒能投資到覺得出色的公司，或是無法順利賺取利潤也沒關係，因為一定會出現其他股價上升的明星企業。

只要人類想要讓社會變好，便會一直出現好公司，推出吸引人的商品或服務，無論什麼時代都會有成長型企業，假如投資失敗，就從中學習、分析原因，應用在下次投資上。

我很明白碰壁之後低落的心情，但是，我們不該過於執著於眼前錯過的機會，或犯下的失誤，而是要將目光轉向下一個機會，如此便會發現這個世界還擁有許多出色的企業。

只要強烈相信有好公司，就會找到明牌

　　HANAMIRA 的學員當中，總是有人會發現吸引人的明星企業，喜孜孜的投資。我跟她們面談時，察覺到一個共同點──先相信有好公司，再尋找股票。

　　她們尋找股票時會想「下次會遇到什麼出色的公司」、「社會上有很多努力的公司」，並相信「絕對會找到一間吸引人的企業」，因為相信，所以陸續發現好企業，從中找出好股票。反過來說，投資不順的人，都讓人覺得他是以「好企業不太多」的心態在尋找。

　　假如有位女性在相親時，不斷被男性說「妳是個出色的女人」、「務必跟我交往」，各位覺得她是以什麼樣的心情在面對約會？「接下來會遇到什麼出色的男人呢？」她應該會這樣想。

　　前面提到，要談場好戀愛，為人處事的能力很重要，試圖發現對方魅力的模樣，也稱得上是深諳為人處事之道。秉持這樣的心情，既可以發現對方的長處，對方應該也會覺得和你相處愉快。

　　投資股票也一樣，想要發現明星企業，就要在搜尋時，心想會有好公司，光是心裡有這個念頭，我們就會努力去尋找，最後找出吸引自己的公司。我開始學習理

財規畫時,也是抱持這樣的心情,「吸引人的股票一定存在,我一定要找到」。這種想法差距,將會左右是否能找到明星企業。

　　吸引人的公司會不斷出現,其中一定會有適合你的明星企業。「接下來會遇到什麼優秀公司呢?」各位要珍惜這樣雀躍的心情,因為這份心情才是讓你的投資生活既豐富又幸福的關鍵。

　　根據金融監督管理委員會證券期貨局統計,2022 年臺灣上市公司有 971 家,上櫃公司則有 808 家。

第 7 章

讓你失敗的，
不是賠錢，
而是放棄

　　一個人要成功，最重要的是持之以恆，投資股票也一樣。

投資最失敗的，不是賠錢，而是放棄

　　股票不像許多人以為的那樣，只投資一次賺到 10 萬日圓就好了，而是要屢次獲得利潤，建立更多資產才對，所以持續投資很重要。

　　100 萬日圓翻 2 倍，就是 200 萬日圓，200 萬日圓翻到 2 倍，會是 400 萬日圓，400 萬日圓的 2 倍，便是 800 萬日圓。

　　你問我，**靠投資建立龐大資產的人怎麼辦到的？我認為他們只不過是沒有放棄，持續投資十幾年罷了。**這段過程想必有成功，也有失敗，資產也會有增有減，不過，只要持續操作，就一定會賺，反過來說，**投資當中最大的失敗就是放棄投資。**

　　最後一章將介紹追求持續投資所需要的 5 個觀念。

適當持續，不要放棄

　　我曾經以自己的方式先買進股票再說，結果時賺時虧，也因為投資毫無邏輯，所以也沒有從中學到東西。

我的第一次大型自我投資，是決定上投資學校。雖然以上班族的薪水來說，學費相當昂貴，不過現在回想起來，也獲得了非常棒的經驗，既能扎實掌握知識加以運用，還能藉由學習前輩的經驗，以最短的時間了解股票投資機制。

　　建立一定資產的人，會覺得時間比金錢更重要。只要開始投資，就會慢慢累積財富，但時間不會。

　　若有人能早點告訴自己這件事，馬上學習理財，就能有更多時間與家人或朋友相處，正因為時間寶貴，才要花錢買時間。就這層意義上來說，我會強烈建議各位

持續投資，不要半途而廢。

立刻以系統化的方式學習投資知識。

投資是團體戰，得結交夥伴

　　開始做某件事到養成習慣前會非常辛苦，我也不擅長堅持，所以我研究出來的成功模式，就是仰賴環境的力量。一個人提不起幹勁，很快就會厭倦，不過藉由與夥伴相互鼓勵，就能堅持下去，「○○很努力，我也要稍微努力一下」、「為了幫上大家的忙，我要懂得分享優質資訊」，因為當時能這樣想，才得以持續至今。

　　與夥伴交換資訊和交流會很開心，也能讓自己持續投資，我在這段時間漸漸熟悉訣竅，現在也以投資為畢生志業。

　　有同伴，就會努力遵守彼此間的約定，我也會提起幹勁，覺得「既然有同伴，就要靠投資拿出成果」，人是可以適應環境的生物，只要身處相應的環境中，自然就會受到周圍的影響而堅持下去。

　　投資是一場團體戰，只有自己一個人，無論是學習、蒐集資料和分析股票都很費時，但若跟同伴一起進行，便能大幅削減時間。

　　靠團隊的力量大量蒐集明星企業的資訊、從廣泛的

視角分析、研究股市，只要跟擁有投資素養的夥伴在一起，即使再忙碌，也可以留有自己的生活，同時持續投資。

上投資學校，在 HANAMIRA 之類的場所尋找夥伴，也是一個方法，最近則有線上沙龍、社群網站及其他許多投資群組，我們要在這樣的場所盡量結交夥伴，持續開心投資。

張設雀躍的天線

假如開始投資後，自己遲遲找不到明星企業，這時記得張設雀躍天線。

結交投資夥伴是持之以恆的祕訣。

　　所有企業在經營事業時，都是為了提供某些優良的商品給社會、其他企業或個人，每天都會不斷出現我們喜歡的新商品或新服務。現在是個人力量增強的時代，想必組織型態也會改變，還會產生股份有限公司以外的體制也說不定。

　　即使如此，產生某些新價值的地方，還是會吸引人、事物及金錢這些動能，令人雀躍或狂熱的地方一直都有，即便自己沒有察覺到。

　　投資有時也要發現人類的欲望、投入金錢、時間或勞力這些動能，哪怕時代環境再怎麼改變，雀躍源頭仍會不斷湧現，**要讓自己維持一顆雀躍的心，發現讓你高興的商品、服務時，就往那裡投入時間或金錢。**

　　投資就是在尋找雀躍感，只要磨練敏銳度，就能持續下去，若靠自己仍無法發現，就跟夥伴交換資訊，借助夥伴的視野，從更寬廣的世界中找出好公司。

最後要相信自己

　　「你的夢想是什麼？」想要長期投入股市，就要記得自己最初的目的。

　　我教許多人投資方法時就實際感受到，只為了錢而

努力的人，忘記當初的目標，只顧著追逐股價，就一定會有疲乏的時候，這時，就要回想自己的夢想或目的。

為了不要忘記夢想或目的，結交夥伴也很重要，以我而言，除了投資，還讓我可以持續經營 HANAMIRA 這所資產運用學校，也是多虧周圍的同伴。

公司商標定案時，經營團隊和投資夥伴幫忙做了與商標類似的花環和獎盃，現在每次看見這些物品時，便能整理心緒、打起精神。

只要將夢想或目標懸掛在平常看得見的地方，就能不忘初衷。

投資時，我總是覺得投資成敗都交給未來，但未來又如此充滿不確定。

我信賴的不是投資、股票或企業。先前我一直宣導要尋找明星企業，現在卻傳達這樣的訊息，或許會讓人覺得矛盾，但是未來總是無法預料。

我們的人生也是如此，誰也不曉得明天會怎樣，所以我在投資時，相信的不是企業或股票，而是正在投資的自己。

投資會順利，也會失敗，你可以這樣告訴自己：「我一定沒問題。」擁有積極心態的人，精神和經濟層

面都會變豐富，相信一切都會很順利，沒問題。

　　你的未來取決於你的當機立斷，你正要開拓出璀璨的未來，要相信自己，一起度過雀躍的人生。

最後要相信自己，為自己加油。

後記

主動投資，
擺脫被動人生

感謝各位讀到最後。

這本書是以戀愛、追星及購物為例，即使零知識也能開心學習股票投資。

「股票投資是實現夢想的手段」、「股市這種事既貼近生活又有趣！」假如各位能發現自己的明星企業，樂在投資，我會很開心。

這本書獲得許多人支持才得以問世，我再次深刻感受到，自己是因為周遭的愛和夢想的支撐，才得以生活下去。我透過投資成功，獲得實現夢想的能力，也從HANAMIRA 的學員、工作、生活中收穫了廣大喜愛，才能寫出本書，並從這裡開始，描繪出嶄新的夢想。

我藉由傳達投資的樂趣，協助許多人掌握自己的人生，接下來也想從事教育工作，同時還期盼能實現一個夢想——把日本的優點和美好延續到未來。

我在真正投入股市前，就很希望有一天能為我熱愛的日本做些什麼，多虧遇到股票，懂得相信自己的可能性，一直封藏的心願才得以釋放，讓渴望成形。夢想是人類生活的原動力，擁有夢想，我們才能前進。

　　股票之所以美妙，是因為可以幫助每個人實現夢想，還可以替企業加油，而能同時聲援自己的夢想和他人，真的很棒。

　　我透過買賣股票實現許多夢想，所以你也一定沒問題；將投資視為實現夢想的工具，走上雀躍的人生。

　　在本書問世時，我得到許多人的支持。

　　我衷心感謝大學時的恩師金正勳，與責任編輯日野Naomi，給了我出版機會，提供愛的支援，也從各位作家先進獲得珍貴的建言，感謝你們不吝指教。另外，平時承蒙關照的各位創業家，和經營者道出「期待出書」的話語，也帶給我龐大的動力。

　　我也很感謝大學時期的學姊明日香，還要謝謝開始投資至今遇到的各位投資人和夥伴，衷心感謝對原稿提供意見的朋友 G 和 Y；以及在最近的地方守護著我、幫忙到深夜的丈夫，感激不盡。

　　最後，多虧 HANAMIRA 的各位，謝謝你們分享經

驗談，告訴我關於追星的事情，以各種形式支援我，我還要感謝經營 HANAMIRA 團隊的每一位成員。

　　大家的愛與心意將會傳達給讀者，逐步擴大走上雀躍人生的夥伴圈，衷心期盼本書能成為契機，協助更多人相信自己，走上充滿夢想和希望的人生。

國家圖書館出版品預行編目（CIP）資料

從戀愛、追星、血拚學到的股票獲利法：血拚眼力
找買點、追星法順風搭漲勢、對象太超過就停損，
被動收入三年破百萬。／松下 RISE 著；李友君譯. --
初版. -- 臺北市：大是文化有限公司，2024.3
224 面；14.8×21 公分. --（Biz；450）
譯自：恋と推し活とショッピングに学ぶ知識ゼロ
からの女子株
ISBN 978-626-7377-64-2（平裝）

1. CST：股票投資

563.52   112020212

從戀愛、追星、血拚學到的股票獲利法

血拚眼力找買點、追星法順風搭漲勢、對象太超過就停損，
被動收入三年破百萬。

作　　者／松下 RISE
譯　　者／李友君
責任編輯／林盈廷
校對編輯／宋方儀
美術編輯／林彥君
副　主　編／蕭麗娟
副總編輯／顏惠君
總　編　輯／吳依瑋
發　行　人／徐仲秋
會計助理／李秀娟
會　　計／許鳳雪
版權主任／劉宗德
版權經理／郝麗珍
行銷企劃／徐千晴
業務專員／馬絮盈、留婉茹、邱宜婷
行銷、業務與網路書店總監／林裕安
總　經　理／陳絜吾

出 版 者／大是文化有限公司
　　　　　臺北市 100 衡陽路 7 號 8 樓
　　　　　編輯部電話：（02）23757911
　　　　　購書相關資訊請洽：（02）23757911 分機 122
　　　　　24小時讀者服務傳真：（02）23756999
　　　　　讀者服務 E-mail：dscsms28@gmail.com
　　　　　郵政劃撥帳號：19983366　戶名：大是文化有限公司

法律顧問／永然聯合法律事務所
香港發行／豐達出版發行有限公司 Rich Publishing & Distribution Ltd
　　　　　地址：香港柴灣永泰道 70 號柴灣工業城第 2 期 1805 室
　　　　　　　　Unit 1805, Ph. 2, Chai Wan Ind City, 70 Wing Tai Rd, Chai Wan, Hong Kong
　　　　　電話：21726513　傳真：21724355
　　　　　E-mail：cary@subseasy.com.hk

封面設計／林彥君
內頁排版／顏麟驊
印　　刷／鴻霖印刷傳媒股份有限公司

出版日期／2024 年 3 月初版
定　　價／新臺幣 390 元（缺頁或裝訂錯誤的書，請寄回更換）
I S B N／978-626-7377-64-2
電子書ISBN／9786267377628（PDF）
　　　　　　9786267377635（EPUB）